CH. VALENTINO

Médecin-Major
Docteur en Médecine
Docteur en Droit

L'Indemnisation des infirmités de Guerre

Le Droit de l'Infirme

(PARIS 5e)
M. GIARD & É. BRIÈRE
LIBRAIRES-ÉDITEURS
16, RUE SOUFFLOT ET 12, RUE TOULLIER
1917

L'Indemnisation des infirmités de Guerre

DU MÊME AUTEUR

Militaires blessés et infirmes : *Réformes, Gratifications, Pensions*. 1 vol. in-octavo coquille. Imprimerie Gay, à Saintes, 1916.

Accidents du travail et blessures de Guerre. 1 vol. grand in-octavo. Imprimerie de l'Université de Bordeaux, 1917.

Ch. VALENTINO

Médecin-Major
Docteur en Médecine
Docteur en Droit

L'Indemnisation des infirmités de Guerre

Le Droit de l'Infirme

(PARIS 5e)
M. GIARD & É. BRIÈRE
LIBRAIRES-ÉDITEURS
16, RUE SOUFFLOT ET 12, RUE TOULLIER
1917

PRÉFACE

C'est un fait curieux que, la guerre actuelle ayant posé avec une ampleur particulière et d'une façon exceptionnellement concrète le problème de l'indemnisation des infirmités militaires, ce problème n'a soulevé cependant que peu d'études et, en tous cas, n'a point été abordé par son côté juridique.

Le projet de loi sur les pensions militaires déposé dès 1915 par le Gouvernement sur le bureau de la Chambre des députés, le rapport rédigé par la Commission de cette Chambre sur le projet gouvernemental apportent, sans doute, à la législation actuelle d'incontestables et précieuses améliorations mais ne se dégagent pas et ne cherchent d'ailleurs pas à se dégager de l'empirisme qui n'a cessé de peser sur la réparation des infirmités de guerre. C'est à peine si le projet du Gouvernement invoque comme fondement des réparations prévues les pauvres théories du risque ou de la solidarité dont la vogue étonne dans un pays de juristes et de philosophes. Et le rapport de la Chambre ne parle du droit des blessés à indemnisation que pour le dénier au nom de l'idée barbare et fausse d'impôt du sang que le citoyen devrait à sa patrie sans compensation.

Or, c'est justement parce que la réparation des blessures de guerre n'a jamais été fondée sur aucun droit que les indemnisations n'ont jamais eu d'autre mesure que la générosité gouvernementale et n'ont cessé de varier selon l'état d'esprit des gouvernants et suivant les commodités financières ; depuis saint Louis jusqu'à nos jours, c'est la même histoire de continuels marchandages, de continuelles contradictions, de continuels flottements ; la réparation n'arrive pas à sortir du domaine de l'empirisme.

Il faudrait en finir avec l'empirisme, cependant.

Les infirmes de cette grande guerre ne pourront pas être traités comme l'ont été ceux des guerres de Crimée ou de 1870 ; à la démobilisation, le pays se trouvera en présence d'une multitude d'infirmes, d'autant plus exigeants et d'autant plus justement exigeants qu'ils auront connu plus de souffrance et cueilli plus de gloire ; géants qui auront fait l'admiration du monde et sauvé la patrie, ils sauront parler et parler haut ; et, aux armées de combattants que la paix aura dissoutes, survivront les associations puissantes de mutilés qui forceront l'attention et le respect et pourront se permettre de n'accepter que sous bénéfice d'inventaire les réparations votées par le Parlement.

Il y aurait donc, non seulement une honnêteté déficitaire, mais encore une défectueuse orientation républicaine à voter une loi qui n'apporterait aux blessés que des satisfactions juridiquement insuffisantes et devrait être, sous leur injonction, remise en chantier dès le lendemain de la paix.

Déjà, certains adversaires du régime entendent compléter par des libéralités particulières l'œuvre du Parlement. Voyez la Part du Combattant *de Charles Maurras ; c'est l'idée de la* Caisse des Offrandes nationales *qui est reprise mais amputée de son caractère national et détournée au profit d'un parti et dans un dessein politique : « ainsi, écrit M. Maurras, la liste des donateurs de la Caisse des récompenses militaires se trouvera former une véritable* Ligue politique *pour la part de la France et du poilu ».*

Non ; l'indemnisation des blessures de guerre ne peut ainsi dégénérer. Les militaires blessés veulent des indemnisations ; c'est une affaire entendue ; mais ils veulent surtout de justes indemnisations ; et, par conséquent, ce qu'ils attendent, ce n'est pas uniquement l'allocation de sommes d'argent, mais aussi la reconnaissance d'un droit à cette allocation. Ce qu'ils veulent encore, infirmes de l'armée nationale, c'est que l'argent qu'on leur donnera vienne de la nation et non point de tel ou tel parti politique pour lequel ils ne se sont pas battus et dont ils ne veulent point devenir l'enjeu.

Il appartient à la nation républicaine d'affirmer le droit du blessé aux réparations équitables et de faire face aux échéances qu'entraînera ce droit. Quand Louis XIV a fondé l'hôtel des Invalides, il a décidé que l'entretien en serait totalement assuré par les fonds publics et non à la faveur de dons privés. La République ne saurait faire moins que le Grand Roi. Mais elle doit faire plus : non contente d'assurer les frais des indemnisations légitimes, elle doit affirmer le droit du blessé à ces indemnisations.

∴

Le militaire infirme continuera-t-il à tenir ses indemnités de la générosité gouvernementale ou aura-t-il, du fait de ses infirmités, et à l'encontre de la nation au service de laquelle il fut estropié, un droit de créance imprescriptiblement attaché à sa personne ? Voilà le problème.

Pour le résoudre, il faut se décider à ne plus considérer l'armée comme un organisme isolé dans le grand organisme social. L'armée c'est la nation ; non pas seulement cette portion de nation armée, casquée et mise en travers des troupes ennemies ; c'est toute la nation coopérant à la défense du territoire.

Les Hindous, ancêtres de la philosophie, ont une fête annuelle qui célèbre le travail et unit dans une même dévotion l'arme du soldat et l'outil de l'ouvrier ; la Révolution russe vient de montrer, par leur groupement dans les mêmes comités, la cohésion des ouvriers et des soldats. En France, la guerre a mobilisé, non seulement des combattants, mais aussi des ouvriers maintenus dans les usines pour produire les munitions, les engins, les équipements nécessaires. La République doit, ayant égalisé dans le même effort les ouvriers et les soldats, les traiter avec égalité au moment des réparations ; et il y aurait une insupportable injustice à ce que les uns, touchant, pour leurs infirmités de travail, des indemnités équitables, les autres ne pussent prétendre, pour leurs infirmités de combat, qu'à des indemnités arbitraires et déraisonnables.

∴

Une seule fois dans toute notre histoire le droit du blessé de guerre à réparation fut proclamé : par la Convention, le 27 février 1793. Mais cette loi de la Convention, ne pouvant avoir de lendemain parce qu'il lui manquait une base juridique, fut abrogée le 19 nivôse an VI.

La base juridique nécessaire, nous avons essayé de la poser, espérant que la Troisième République pourrait ainsi reprendre, d'un point de vue doctrinal, la pensée généreuse de la Révolution.

L'INDEMNISATION
DES INFIRMITÉS DE GUERRE
LE DROIT DE L'INFIRME

CHAPITRE PREMIER

L'INDEMNISATION DES INFIRMITÉS DE GUERRE

Historique et Évolution.

Dans l'ancienne France, « les soldats estropiés et caducs, comme on disait, couraient les grands chemins en mendiant, détroussaient les voyageurs, terrorisaient les bourgs et les villages ; dans les villes, la nuit, au coin des rues, assassinaient les bourgeois. On pensa à leur donner de quoi vivre pour se débarrasser d'eux » (1).

A l'origine et pendant des siècles, l'attention des gouvernements ne s'arrêta en effet que sur les mutilés de guerre

(1) Louis Batiffol, « Les mutilés de la guerre sous l'ancien régime », *La Revue hebdomadaire*, 26 mai 1917, p. 456.

assez gravement atteints pour ne pas être capables de pourvoir à leur subsistance. Pour les secourir, deux procédés furent employés : l'hospitalisation et l'allocation pécuniaire ; suivant l'heureuse expression de M. Louis Batiffol, l'Etat n'a pas cessé « d'osciller entre l'hospitalisation et la rente » (1).

Dès les Mérovingiens, s'il faut en croire Solard, secrétaire intime du maréchal Oudinot, duc de Reggio, qui a écrit l'histoire de l'Hôtel des Invalides, des places étaient réservées aux soldats mutilés dans les abbayes et monastères. Ces mutilés « offerts » aux abbayes et monastères étaient dits *oblats* ou *moines lais*. Mais, assez mal reçus par les établissements pour lesquels ils constituaient des charges et dans lesquels ils n'apportaient d'ailleurs pas les qualités de tenue et de souplesse désirables, l'usage s'établit pour l'abbaye et le monastère de ne pas recevoir l'homme et de lui offrir une rente. L'homme vendait sa rente et, pauvre comme devant, recommençait à battre les chemins.

La nécessité apparut alors de fonder des établissements d'Etat destinés à recevoir les mutilés de la guerre.

Saint Louis, à son retour de croisade, fonde la *Maison des Quinze-Vingts* où l'on devait entretenir ceux des croisés que le soleil éclatant de l'Asie avait frappés de cécité. Ce fut le premier établissement consacré à des militaires invalides.

Henri IV, par ordonnance de juillet 1604, fonde la

(1) Louis Batiffol, *loc. cit.*, p. 464.

Maison Royale de la Charité Chrétienne du faubourg Saint-Marceau qu'il installe rue de l'Arbalète, dans les locaux de l'hôpital de Lourcine où étaient traitées les maladies honteuses. Cette maison devait recevoir « les pauvres gentilshommes capitaines et soldats qui ont porté les armes pour notre service et des rois nos prédécesseurs, lesquels non seulement ont employé leur jeunesse et reçu de grandes blessures mais aussi ont, les uns perdu leurs membres ou sont demeurés mutilés et estropiés d'iceux ; les autres, vieux caducs et incapables de faire autre chose, et ceux qui avaient des métiers ne les peuvent exercer ni gagner leur vie, étant par ce moyen réduits en grande nécessité et pauvreté, honteux de vaguer et mendier par les rues au mépris de leur qualité, préjudice de leur personne et grand scandale du public ». Cette maison du faubourg Saint-Marceau devait être entretenue par le boni des « Hôtels Dieu, léproseries, hôpitaux, maladreries, aumôneries, confréries et autres lieux pitoyables du royaume ». Les bonis ne ressortirent pas des comptes. Henri IV décida alors que la maison de la Charité chrétienne serait entretenue par un versement des abbayes et monastères équivalant à la charge d'entretien des oblats. Les rentrées étant défectueuses, Louis XIII décida en 1611 de fermer la maison. Les mutilés furent libérés avec une pension de 2.400 livres payable par l'Etat ; ici se place l'origine des pensions d'Etat, si l'on excepte toutefois l'institution des *mortes payes* fondée par édit du 24 juillet 1534 ; suivant cet édit, François Ier attribuait une solde dite *morte paye* aux militaires devenu impropres au service par suite de blessures reçues à la guerre ; mais il ne s'agissait pas encore d'un système véritable de pensions puisque les bénéficiaires de ces mortes payes n'étaient pas libres mais étaient affectés à diverses places du Royaume.

Toutefois il apparut que ces pensions mises par Louis XIII à la charge de l'Etat devaient être imputées aux abbayes et monastères ; mais ces abbayes et monastères payèrent mal et les mutilés réclamèrent aux Etats Généraux de 1614 : « Nous recevons aumosne odieuse et répugnante au mérite de ceux de cette qualité, la plupart gentilshommes capitaines et gens pleins d'honneur et de courage ». Louis XIII fixe alors la contribution des abbayes et monastères à 100 livres (1).

Mais, devant d'incessantes difficultés, il décide d'en revenir au système de l'hospitalisation et il fonde la *Commanderie de Saint-Louis* en 1633. « Tous ceux qui feraient voir par de bonnes preuves ou attestations qu'ils ont été estropiés à la guerre pour le service du roi, seront reçus et admis pour y être nourris et entretenus le reste de leurs jours de toutes les choses nécessaires à la vie. » Il fut décidé que l'établissement serait installé sur le coteau de Villejuif dans un château datant du xve siècle et dit *Château de Bicêtre* ; mais dès 1656, par un édit d'avril, cette maison est abandonnée par le roi à l'hôpital de la Salpêtrière pour y établir un hospice de vieillards, une prison et une maison de fous.

C'est alors que, par ordonnance du 24 février 1670,

(1) Ord. 1629, art. 219 et déclaration du 20 mai 1630.

Louis XIV décide de créer *l'Hôtel royal des officiers-soldats invalides et estropiés au service de Sa Majesté ;* en attendant sa construction à Grenelle, les invalides sont hospitalisés dans une maison de la rue du Cherche-Midi près de la Croix Rouge ; d'où le nom d'*Invalides de la Croix Rouge*, donné à ces premiers pensionnaires.

Louis XIV veut faire de l'Hôtel des Invalides une institution vraiment nationale ; il entend donc l'entretenir exclusivement sur les fonds publics et exige que cet hôtel ne reçoive « aucunes fondations et dons, aucunes gratifications qui pourraient lui être faites par quelque personne et pour quelque cause que ce soit ». Une dotation est constituée à l'aide d'une retenue de 2 0/0 sur l'ordinaire et l'extraordinaire des guerres.

L'Hôtel était prévu pour 4.000 invalides ; mais, devant le nombre croissant des hospitalisés, des ordonnances des 26 février et 30 novembre 1764, des 21 mai, 1er et 15 décembre 1766, du 17 juin 1776 constituent dans les places fortes frontières des *compagnies détachées de l'Hôtel des Invalides* fonctionnant comme des sortes de succursales de la maison centrale et où étaient envoyés les mieux portants des invalides. En 1764 on comptait 30.000 invalides ; on en comptait 28.000 en 1791 et environ 60.000 en l'an VIII. En 1636 il y avait 141 compagnies détachées et jusqu'à 164 en 1774.

En 1792, la dotation de l'Hôtel fut abolie et les compagnies détachées remplacées par un corps de vétérans nationaux de 5.000 hommes.

Mais en 1811 l'Empereur rétablit la dotation, notamment au moyen de retenues sur la solde des officiers (1).

Après les guerres du Premier Empire, l'Hôtel compte jusqu'à 7.000 invalides ; puis le chiffre diminue ; il est de 3.500 en 1848, de 2.000 après les guerres de Crimée et d'Italie, de 900 en 1872, de 600 en 1875, de 175 en 1900, de 49 en 1905.

Mais la retraite à l'Hôtel des Invalides où la discipline était fort dure n'allait pas sans inconvénient ; aussi, dès 1764, voit-on des invalides demander à rentrer chez eux. Louis XV leur permet d'opter entre la maison de retraite et une pension. Mais les pensions sont accordées de mauvaise grâce.

En 1776, Louis XVI consacre le droit d'option ; toutefois celui qui aura opté pour l'Hôtel ne pourra le quitter tandis que celui qui aura opté pour la pension pourra toujours abandonner la pension et rentrer à l'Hôtel.

Puis l'Assemblée nationale constituante vote en faveur des militaires infirmes les lois des pensions des 3-22 août 1790 et 14-25 décembre 1790. La première de ces lois est capitale et a été appelée *la charte* des pensions ; dans son art. 1er, elle pose le principe d'indemnisations de deux genres :

(1) Dislère (*Les pensions militaires en France et à l'étranger*, Berger-Levrault, 1881, p. 9 en note) fait remarquer que la retenue sur la solde des officiers ne correspond nullement à l'intention de les faire contribuer à leurs pensions. En effet, cette retenue dont l'origine est la contribution à la dotation des invalides est tombée dans le budget sans affectation spéciale du fait que la loi du 21 avril 1832 a supprimé cette dotation.

1° Pour services rendus, reconnaissance de la nation et en vertu de cette reconnaissance, récompense qui sera soit honorifique (art. 5), soit pécuniaire sous forme de pension si l'intéressé a besoin de soutien (art. 6) ; cette pension a un caractère alimentaire.

2° Pour sacrifices faits à la patrie et se traduisant par des pertes ou des dépenses (art. 3), la nation doit payer le prix de ces sacrifices sous forme de gratifications (art. 1, 3, 6). Il s'agit alors d'une dette de l'Etat venant en compensation d'une aliénation (art. 8).

Mais ce n'est qu'un principe.

En 1791, les invalides retraités à l'Hôtel adressent à l'Assemblée nationale une pétition réclamant pension et liberté. A cette assemblée (15 février 1791), Dubois Crancé signale que « l'Hôtel des Invalides est dans un état d'insurrection » ; l'abbé Maury prend la défense des pétitionnaires : « Ils demandent la liberté ; qu'on la donne à ceux qui la veulent ; mais qu'on ne force pas les autres à l'accepter ; car cette liberté-là ce serait la mendicité, le malheur. Vous avez créé des pensions de retraite ; accordez-la cette pension et dès ce moment à tous les soldats invalides qui voudront sortir de l'Hôtel. Je vous invite à ne la refuser à personne, mais je vous somme aussi de ne forcer aucun soldat à l'accepter ».

L'Assemblée nationale décrète alors (27 mars 1791) « qu'il ne sera reçu désormais à l'Hôtel des Invalides, conformément à l'édit de création, que des militaires qui auraient été estropiés ou qui auraient atteint l'âge de caducité étant au service de terre ou de mer et qui n'auraient d'ailleurs aucun moyen de subsister. Ceux qui sont actuellement à l'hôtel seront les maîtres d'y rester ; ceux qui voudront en sortir auront une pension de retraite ».

Le taux de ces pensions est en même temps fixé.

Puis la loi des 30 avril-16 mai 1792 donne à tout militaire admis aux invalides le droit d'obtenir la pension de son grade s'il désire quitter l'hôtel, mais lui conserve la faculté d'y rentrer.

Le décret des 6-16 juin 1793 autorise à opter pour l'entrée à l'Hôtel des invalides ou pour la pension représentative du séjour à l'hôtel.

Puis la loi du 27 février 1793 votée par la Convention et qui fut la plus audacieuse des lois sur la matière et la plus généreuse affirme un droit du blessé à une réparation intégrale ; mais elle est abrogée presque aussitôt par la loi du 19 nivôse an VI.

La loi du 28 fructidor an VIII établit des soldes de retraites personnelles et viagères ; l'article 86 de la constitution du 22 frimaire an VIII pose comme principe constitutionnel qu'il sera accordé une pension à tous les militaires blessés à la défense de la patrie.

Mais en présence du grand nombre de militaires devenus infirmes par les guerres de la révolution, la tendance se manifeste de réduire les pensions et de restreindre autant que possible l'hospitalisation des invalides ; la loi du 8 floréal an XI, en effet, d'une part abaisse les tarifs de pensions et, d'autre part, pose pour l'entrée à l'Hôtel des conditions sévères : il faut avoir soixante ans d'âge ou des infirmités équivalentes à la perte d'un membre. En 1814 les succursales de l'Hôtel sont supprimées et un délai de trois mois est donné aux invalides pour opter entre l'Hôtel et une pension majorée.

La loi du 25 mars 1817 assujettit les pensionnés à une visite annuelle par les officiers de santé qui tous les ans remet en cause l'attribution de la pension. Mais la loi du 14 juillet 1819 supprime cette visite et rend à la pension son caractère viager.

Enfin la loi du 2 avril 1831 pose définitivement les conditions de la pension et rend légaux les tarifs qui avaient été institués par l'ordonnance du 10 octobre 1829 (1).

Aux termes de la loi de 1831, les infirmités sont réparties suivant leur gravité en six classes donnant droit à des pensions de trois taux différents ; mais les moins graves de ces infirmités, celles de la sixième classe, doivent encore, pour donner droit à pension, mettre le soldat dans l'impossibilité de pourvoir à sa subsistance.

L'empereur Napoléon III avait coutume d'accorder sur sa liste civile aux sous-officiers, caporaux et soldats mis à la retraite avec la 3e, 4e ou 5e classe un complément de pen-

(1) Ces tarifs qui sont réglés d'après le minimum ou le maximum des pensions d'ancienneté ont été successivement modifiés par les lois des 28 mars 1855, 25 juin 1861, 22 juin 1878, 18 août 1879, 15 novembre 1890, 7 mars 1902, 13 décembre 1902, 13 juillet 1911, par le décret du 26 mai 1901 et enfin par les lois de finances du 13 juillet 1911 et du 9 avril 1914 et par la loi du 13 juillet 1917.

sion de façon à porter le chiffre total de la rente à 600 frs. A la chute de l'Empire, la liste civile se trouvant supprimée, il apparut impossible de retirer aux militaires déjà retraités l'avantage qui leur avait été bienveillamment accordé et on jugea convenable de concéder le même avantage aux infirmes de la guerre franco-allemande. La loi du 27 novembre 1872 maintint donc le complément de pension institué par l'Empire et, par décret du 9 janvier 1873, la *Caisse des Offrandes nationales* fut chargée de faire le service des sommes nécessaires sur le reliquat des souscriptions recueillies en faveur des militaires blessés et de leurs familles (1).

Les militaires retraités pour blessures et infirmités et qui ne peuvent recevoir dans leurs familles les soins nécessaires peuvent être admis à l'Hôtel des Invalides : le paiement des pensions est suspendu pendant le temps de séjour à l'Hôtel ; mais les militaires reçus à l'Hôtel peuvent en sortir sur leur demande trois fois répétée à dix jours d'intervalle et leur pension leur est alors à nouveau servie.

(1) *La Caisse des Offrandes nationales en faveur des armées de terre et de mer* a été fondée par décret du 18 juin 1860 et déclarée d'utilité publique la même année. Ses premières ressources provenaient des souscriptions faites en faveur des militaires victimes des guerres de Crimée et d'Italie. En 1870 le corps législatif lui attribua certains crédits. Puis elle fut réorganisée par la loi du 27 novembre 1872 et le décret du 9 janvier 1873 et d'œuvre privée devint institution d'Etat. Elle est gérée par la Caisse des dépôts et consignations ; un Comité supérieur, sous la présidence du ministre de la Guerre, règle ses opérations, lesquelles ont été en dernier lieu déterminées par le décret du 31 octobre 1880.

*
* *

L'impression qui se dégage de cet exposé historique est que l'Etat s'est toujours trouvé fort embarrassé des infirmes de guerre et s'est toujours efforcé de ne leur accorder que des réparations aussi peu onéreuses que possible. Cette impression se fortifie si l'on entre dans le détail des textes et, notamment, de la loi de 1831 à l'autorité de laquelle les militaires infirmes demeurent soumis.

Ces textes, en effet, limitent le champ d'indemnisation par trois restrictions : la restriction de gravité, la restriction d'incurabilité et la restriction d'origine. Pour avoir droit à pension il faut que l'infirmité :

1° Soit au moins assez grave pour mettre l'intéressé hors d'état de pourvoir à sa subsistance ;

2° Soit incurable dans tous ses éléments ;

3° Puise son origine soit dans un événement de guerre, soit dans un accident éprouvé en service commandé, soit dans les fatigues du service militaire, soit dans les dangers de ce service.

Mais de telles restrictions, d'autant plus dures que la jurisprudence les appliquait d'une façon très stricte, laissaient en dehors de toute possibilité de pension tellement d'infirmités pitoyables que, peu à peu, sous la poussée de l'opinion, sous l'action du Parlement et aussi sous l'exemple des réparations industrielles, le cadre d'indemnisation militaire s'élargit.

Voici d'abord la condition de gravité qui s'atténue : dès 1814, une ordonnance du 27 août décide que les sous-officiers, caporaux et soldats réformés pour blessures et infirmités contractées au service recevront, lorsqu'ils n'auront pas droit à pension, une gratification une fois payée dite *gratification de réforme* ; cette gratification ne devant être accordée que pour des « invalidités sérieuses entraînant une diminution très appréciable de la capacité de travail » (1) qui fut ultérieurement évaluée à 30 0/0 (2). Nous sommes déjà loin de l'impossibilité de pourvoir à sa subsistance ; le montant de la gratification n'est d'ailleurs que de la moitié du minimum de la pension de retraite correspondant au grade et on l'appelait *demi-pension*.

Mais le 13 février 1906, intervient un décret qui prévoit l'attribution de gratifications pour les infirmités contractées au service n'ouvrant pas droit à pension et entraînant une incapacité de travail, non plus seulement de 30 0/0, mais aussi de 20 0/0 et de 10 0/0. Au-dessous de 10 0/0 aucune gratification n'est possible ; cette limite a été confirmée par le décret du 24 mars 1915.

Toutefois, ces gratifications ont un caractère gracieux ; c'est-à-dire qu'elles sont accordées suivant les disponibilités budgétaires et le militaire qui n'y est point admis ne peut exercer aucun recours contre ce refus. Intervient alors le

(1) Déc. présid., 30 septembre 1897.
(2) Circ. min. de la guerre, 8 octobre 1904.

projet de loi actuellement en instance devant le Parlement qui propose de faire de la gratification un droit véritable.

Par l'établissement des gratifications, du même coup la condition d'incurabilité s'effrite : il ne s'agit pas en effet pour donner lieu à gratification que l'infirmité soit incurable ; au contraire, si l'on excepte la *gratification permanente*, de création récente (1) et qui est réservée aux infirmités incurables n'ouvrant pas de droit à pension, la gratification type s'applique à des infirmités passagères d'une durée minima de deux ans (2) et est servie pendant le temps de l'infirmité (3). Si bien que la gratification s'applique non pas seulement à des infirmités dont la gravité insuffisante n'ouvre pas de droit à pension, mais aussi à des infirmités très graves mettant même le militaire dans l'impossibilité de pourvoir à sa subsistance mais qui ne peuvent donner lieu à retraite parce que leur manque l'essentiel caractère d'incurabilité. En attendant que l'infirmité disparaisse ou que l'incurabilité s'affirme, est servie la *gratification renouvelable* organisée par décision impériale du 3 janvier 1857 et confirmée par les décrets des 13 février 1906 et 24 mars 1915.

(1) Circ. min. de la guerre, 12 mars 1885, confirmée par décret, 13 février 1906.

(2) Même en cas de mise en réforme temporaire la durée de celle-ci étant de un an, la gratification peut être accordée si l'incapacité de travail doit durer au moins une année (Circ. min. guerre, 17 mai 1913).

(3) La législation militaire n'est pas encore venue à la conception de l'indemnité temporaire applicable jour par jour à l'infirmité et qui est établie en législation industrielle par la loi du 9 avril 1898.

En ce qui concerne l'origine, il est primitivement essentiel que l'infirmité trouve sa source dans un fait de service : événements de guerre, accidents en service commandé ; fatigues et dangers du service militaire. La notion de service commandé d'abord strictement interprétée ne tarde pas à s'élargir : le Conseil d'Etat fait entrer dans le service commandé non seulement les heures pendant lesquelles un travail ordonné est exécuté mais encore le temps employé pour le repos (1) et, sous l'influence de la préparation de la loi industrielle du 9 avril 1898, on arrive à considérer comme relevant du service commandé des accidents « n'ayant par eux-mêmes aucun rapport avec l'exécution de ce service commandé (2) ».

C'est ainsi que la jurisprudence du Conseil d'Etat, depuis 1894, considère qu'un accident de voyage en chemin de fer, en voiture ou en bateau exécuté par ordre doit être tenu comme arrivé en service commandé ; c'est la reconnaissance du droit à indemnité pour les accidents purement fortuits à la condition que le militaire n'y aurait pas été exposé s'il n'avait pas été de service. Ainsi encore que la jurisprudence du Conseil d'Etat, à partir de 1895, considère que les accidents survenus à la caserne ou dans les cantonnements ou dans les locaux militaires et même par la faute d'un tiers doivent être tenus comme ayant une origine militaire. Egalement le Conseil d'Etat considère comme ayant

(1) Conseil d'Etat, 4 août 1864.

(2) Dalloz, *Code des lois administratives et politiques*, t. V, ch. IV, n° 3419.

une origine militaire la blessure dont est victime le militaire qui a ramassé, malgré l'interdiction formelle du commandement, des fusées d'obus non éclatées (1).

On peut donc dire que, dans l'ensemble, la jurisprudence est arrivée à reconnaître une origine militaire à toutes les blessures survenues « du fait ou à l'occasion du service » au même titre que la loi industrielle qui indemnise pour les accidents survenus « du fait ou à l'occasion du travail ».

D'autre part, l'origine doit être établie par des faits particuliers et probants : en ce qui concerne l'événement de guerre et l'accident en service commandé, il faut que cet événement ou cet accident soit établi par un certificat d'origine émanant du commandement, témoin des faits, ou, subsidiairement, par une pièce médicale émanant du médecin qui a soigné en premier lieu le blessé ; en ce qui concerne les dangers ou fatigues du service militaire il faut que ces dangers ou fatigues soient péremptoirement établis par des

(1) Il a été ainsi jugé par le Conseil d'Etat, section des finances en 1916. Ce jugement a une très grosse importance ; car le commandement interdit expressément de ramasser des engins non éclatés ; il y a donc une désobéissance à la base de l'accident ; or la désobéissance, inadmissible dans l'armée où la discipline est une condition vitale, a toujours été considérée comme une faute lourde, impardonnable, de nature à entraîner « la diminution et jusqu'à la suppression totale de l'indemnité », suivant l'expression de M. Mirman qui est généreux cependant. Cette décision du Conseil d'Etat crée un rapprochement nouveau et des plus saisissants entre la jurisprudence militaire et la jurisprudence industrielle qui indemnise même en cas de désobéissance, dès l'instant que l'accident s'est produit pendant le temps et sur le lieu du travail.

certificats ou rapports du commandement. Mais, au sujet des fatigues, un premier élargissement est apporté par la loi du 21 mars 1905, art. 28, qui, en cas de mise en réforme temporaire, a établi en faveur du militaire une présomption d'origine : « Lorsque la maladie ayant provoqué la réforme temporaire a été contractée au cours du service, il y a présomption qu'elle est imputable soit aux obligations du service en général soit à un fait du service. Si les médecins experts ne peuvent émettre un avis ferme à ce sujet, l'intéressé doit bénéficier du doute... »

Or, dans tout ce qui précède nous n'avons entendu viser que les infirmités contractées au service ; restent les infirmités préexistant à l'incorporation et simplement aggravées au service. Primitivement (1) l'origine par aggravation ne pouvait ouvrir de droit qu'à gratification et non à pension ; actuellement il importe peu que l'origine soit directe ou par aggravation ; dans tous les cas (2) les droits sont les mêmes, et l'infirme peut obtenir soit une pension, soit une gratification suivant la gravité et l'incurabilité de son affection. Nouvel élargissement. D'autre part, il était primitivement nécessaire que l'aggravation fût établie par des faits précis : à cet égard, une enquête doit être faite par la gendarmerie du domicile de l'intéressé afin de fixer quel était l'état du sujet avant l'incorporation ; quant aux faits originaires de l'aggravation ils doivent être relatés dans un rapport du commandement. Mais intervient une présomption d'aggrava-

(1) Inst. min. guerre, 6 nov. 1875 et 10 août 1886.
(2) Circ. min. guerre, 8 octobre 1904.

tion : elle est posée par la loi du 9 décembre 1916 qui déclare que « l'aggravation serait présumée imputable aux fatigues du service sous réserve de la preuve contraire à la charge de l'autorité militaire » à la condition que l'intéressé compte un minimum de 60 jours d'incorporation pendant cette guerre. Il est vrai que, par une incohérence inexplicable, cette présomption d'aggravation n'ouvre aucun droit à indemnisation, mais seulement un droit aux secours de l'*allocation temporaire* sous certaines conditions complémentaires.

Cependant il y a là un élargissement tel que des conséquences importantes vont s'ensuivre sur le terrain même des pensions et gratifications : ainsi la Commission consultative médicale prescrit d'admettre l'origine par aggravation pour la tuberculose antérieure ou latente en cas d'un séjour de deux mois au front des armées (1).

Et finalement, tant pour l'origine directe que pour l'aggravation, le projet de loi en instance devant la Chambre et portant modification à la loi des pensions militaires déclare dans son art. 2 que toutes les blessures constatées avant le renvoi du militaire dans ses foyers ouvrent droit à indemnité à moins qu'il ne soit établi qu'elles ne proviennent pas d'événements de guerre ou d'accidents éprouvés en service commandé ; et que toutes les maladies contractées ou aggravées pendant la période où l'intéressé a été mobilisé sont réputées, sauf preuve contraire, pro-

(1) Circ. mensuelle de la Commission consultative médicale juin 1917.

venir des fatigues, dangers ou accidents du service à la condition que le militaire ait 60 jours d'incorporation et qu'il ait fait constater l'infirmité dont il est atteint dans le délai maximum de 6 mois à partir de son renvoi dans ses foyers.

Nous pouvons donc conclure qu'il y a, de la part de la législation et de la jurisprudence militaires, une tendance manifeste à indemniser non seulement certaines infirmités répondant à des conditions strictement déterminées de gravité, d'incurabilité et d'origine, mais toutes les infirmités quelle que soit leur gravité, incurables ou non incurables, et provenant, non seulement du fait du service, mais encore survenues à l'occasion du service et même pendant le service. On tend ainsi à aboutir à l'état de choses réclamé autrefois à la Chambre par MM. Benezech et Bouveri. Le 3 mars 1905, M. Benezech déclarait : « quand la nation appelle un citoyen pour défendre son sol, si le citoyen, pendant son service, contracte des infirmités c'est la nation qui lui doit l'existence ». Et le 10 décembre 1906, M. Bouveri faisait adopter un projet suivant lequel les militaires qui, au corps, auront contracté une maladie les mettant dans l'impossibilité de gagner leur vie, soit par faiblesse, soit par infirmité recevront une indemnité leur permettant de vivre. Egalement, en 1907, M. Dousset (1), reprenant ces

(1) Dousset, *Le risque militaire et la solidarité sociale*, Berger-Levrault, 1907, p. 162 ; M. Dousset va incontestablement plus loin que la loi de 1898 puisqu'il demande que les infirmités soient indemnisées lorsqu'elles sont survenues *pendant* le service. Mais sur un

idées, écrivait : « Toute diminution de validité survenue pendant la durée du service militaire est présumée provenir de ce service et doit être indemnisée sans qu'aucune autre preuve soit faite ; mais si l'Etat peut prouver que l'accident ou l'infirmité ont été provoqués intentionnellement ou sont dus à une faute inexcusable il n'y a lieu à aucune indemnité ».

A cet égard l'influence de la législation industrielle sur la législation militaire est manifeste ; primitivement, le patron ne devait réparation des accidents survenus à son ouvrier qu'en vertu des art. 1382 et 1384 du Code civil ; puis, en vertu de la loi du 9 avril 1898, il a dû réparation pour tous les accidents survenus du fait ou à l'occasion du travail ; et, à l'heure actuelle, sous l'influence des doctrines sociales les plus modernes, la jurisprudence tend à réparer pour tout accident survenu pendant le travail.

Mais il demeure entre les deux législations cette différence fondamentale que la législation industrielle ne répare que les accidents et exceptionnellement quelques maladies *assimilées* à des accidents, tandis que la législation militaire répare aussi bien les maladies que les blessures.

point il va moins loin que cette loi puisqu'il entend supprimer toute indemnité, non seulement en cas d'accident intentionnel, mais encore d'accident dû à une faute inexcusable. Dans ce dernier cas, en effet, la loi de 1898 accorde une indemnité et se contente de la réduire.

*
* *

Donc, de tous temps, les gouvernements quels qu'ils fussent ont eu la préoccupation de secourir les militaires infirmes ; ils l'ont fait avec plus ou moins de générosité suivant les conceptions du moment et suivant les disponibilités financières ; mais enfin il y eut toujours un secours effectivement donné.

Cependant, et voilà qui est singulier, jamais ce concours de l'Etat ne fut accordé au nom d'un droit du militaire ; et si le mot de droit a été parfois prononcé il ne fut jamais ni défini ni reconnu. Toujours, les allocations aux blessés eurent un caractère gracieux ; on en accordait à certains blessés et point à d'autres ; le taux de ces allocations changeait avec les époques ; les conditions d'obtention variaient et souvent les concessions déjà faites étaient remises en cause ; ainsi, suivant les ordonnances de 1629 et de 1678, les pensions accordées par le roi s'éteignaient avec celui qui les avait données et la déclaration de 1717 supprime toutes les pensions disant que « l'intention des rois n'avait pas été d'engager les revenus de la couronne par des dons et libéralités au delà du cours de leur règne ».

Même la loi de 1831, sous l'autorité de laquelle nous vivons et qui fait au gouvernement une obligation de servir des pensions dans certains cas déterminés, ne pose en aucune façon, quoi qu'on puisse en penser, le droit du blessé à une réparation.

Il s'est établi au sujet de cette loi de 1831 une confusion déplorable ; sous prétexte qu'elle attribue une pension aux militaires atteints de certaines infirmités, on a pu croire que le droit à pension était posé ; il n'en est rien ; le législateur est toujours maître de conférer à certains individus des avantages auxquels, par la suite, ces individus se trouvent avoir droit uniquement en vertu de la loi qui a bien voulu les leur concéder. Mais il ne s'ensuit pas que les bénéficiaires aient eu un droit juridique quelconque vis-à-vis des avantages ainsi donnés. Le législateur peut décider que les cultivateurs toucheront une prime par hectare cultivé ; il en résulte pour le cultivateur un droit de fait à toucher une prime ; mais il ne s'ensuit pas que le cultivateur avait un droit juridique à une telle allocation ; en effet, si la loi n'avait pas été votée, il n'aurait pu prétendre que son droit était méconnu ; et la loi qui lui donne l'allocation apparaît comme une loi purement gracieuse. L'allocation n'a pas le caractère d'une dette mais d'une libéralité.

Tel est justement le caractère des pensions militaires instituées par la loi de 1831 ; cette loi ne s'est établie sur aucun fondement juridique ; elle a choisi certaines infirmités entre tant d'autres et a décidé d'allouer aux militaires, porteurs de ces infirmités arbitrairement déterminées, des pensions de retraite dont le taux est à peu près sans rapport avec la réalité des dommages subis. Les infirmes à qui la loi a bien voulu penser reçoivent ce que la loi veut bien leur donner. Il n'y a rien là qui puisse permettre de prétendre que la loi de 1831 a reconnu le droit du blessé à une réparation.

M. Masse écrit dans son rapport (1) : « L'impôt du sang est dû sans réserve. Dans la rigueur du droit national il peut être exigé sans contre-partie directe au profit de l'individu » ; et encore (2) : « La pension n'est pas une indemnité pour un préjudice subi ».

C'est donc à juste titre que le Gouvernement écrivait récemment que, jusqu'ici, « les pensions militaires présentaient exclusivement le caractère d'une récompense nationale ». Ou, plus exactement, on peut dire que la loi de 1831 apparait plutôt comme une loi d'assistance ; elle n'accorde de pension que pour des infirmités dont les moins graves, celles de la 6e classe, entraînent une impossibilité de pourvoir à la subsistance et à la condition encore que cette impossibilité soit absolue (3). Notre historique fait d'ailleurs nettement ressortir qu'ainsi la loi de 1831 n'a fait que suivre une tradition constante, solidement établie par toutes les lois, ordonnances et édits antérieurs.

Et, par conséquent, il apparaît indéniable que la législation militaire, jusqu'à ce jour, n'a pas tant cherché à établir en faveur des soldats infirmes un dédommagement basé

(1) Masse. Rapport au nom de la Commission des pensions civiles et militaires chargée d'examiner le projet de loi et diverses propositions de loi sur les pensions des armées de terre et de mer. Chambre des Députés, annexe n° 2383 (séance 21 juillet 1916), p. 42.

(2) Masse, *loc. cit.*, p. 134.

(3) Inst. min. guerre, 23 mars 1897, art. 41.

sur un droit quelconque de l'intéressé qu'à secourir des soldats voués à la misère exactement comme la législation civile secourt les pauvres. Or, c'est un fait que si, dans une société bien organisée, il y a un devoir social à secourir les pauvres, ceux-ci n'ont cependant, comme le remarque M. Berthélemy, aucun droit subjectif à être secourus. On peut donc dire qu'en vertu de la loi de 1831, certains infirmes ont le droit de toucher une pension ; mais on ne peut pas dire que notre législation ait posé en faveur des militaires infirmes le droit à réparation.

Cela est si vrai que, dans son rapport sur les dommages de guerre (1), M. Desplas, député, invite le Parlement à créer ce droit. Il s'agit dans ce rapport, il est vrai, des dommages matériels de la guerre : usines détruites, villes incendiées (2). Mais le sujet est connexe : si le propriétaire qui a perdu sa maison a droit à une réparation, à plus forte raison semble-t-il, le droit à réparation doit exister pour celui qui a perdu sa santé ou sa validité. Mais M. Desplas pose le problème d'une façon qui nous paraît inquiétante ; s'adressant à ses collègues de la Chambre, il écrit : « On

(1) DESPLAS. Rapport fait au nom de la Commission des dommages de guerre à la Chambre des Députés. *Journal officiel*, documents parlementaires, annexe 2345.

(2) Force est d'ailleurs pour connaître l'opinion du Parlement de se référer au rapport de M. Desplas puisque celui de M. Masse, par une étrange et vraiment grave lacune, ne se préoccupe en aucune façon de discuter le droit du blessé ni de le fonder sur une base juridique. M. Masse ne pouvait aboutir ainsi qu'à un projet, intéressant sans doute, mais purement empirique.

s'est beaucoup servi du mot droit en vue d'affirmer la légitimité de leurs revendications. Cette expression qui est, du reste, couramment employée en la circonstance a donné lieu à des confusions qu'il est nécessaire de dissiper. C'est ainsi que l'on a soutenu que ce droit, existant dès maintenant et en dehors de la volonté du Parlement (1), celui-ci n'avait pas à le discuter mais simplement à l'organiser et à voter les crédits nécessaires pour en assurer l'exercice. Il y a là une conception que nous devons redresser... Il appartient au législateur de repousser le droit qui postule ou de le consacrer et ce n'est que dans ce dernier cas que ce droit virtuel devient un droit définitif, délimité et opposable à tous. Cette décision, le législateur la prend dans la plénitude de cette souveraineté absolue, intangible, inaliénable, imprescriptible qui constitue son caractère essentiel. Vous êtes souverains... Quand vous acceptez de consacrer un « droit prétendu », vous agissez en pleine liberté... Ce sera un droit nouveau que la loi va créer... »

Avec une certaine ironie, M. Duguit écrit (2) : « A beaucoup d'esprits modernes et des meilleurs, l'Etat apparaît comme une sorte d'être tout-puissant qui crée le droit ; qui peut, à son gré, faire qu'une chose soit permise ou défendue ;

(1) Dans ce sens, M. J. Barthelémy (*La réparation des dommages de guerre*, Alcan, 1917, p. 30) déclare que le droit à réparation emporte « l'absence de liberté juridique de l'Etat, c'est-à-dire pratiquement de l'organe qui exprime sa volonté : du Parlement... Il a le devoir juridique de prendre les mesures convenables pour le paiement de cette dette. »

(2) Duguit, *Etudes de droit public*, 1901, I, p. 229.

qui peut modifier les phénomènes économiques ; qui peut, suivant son bon plaisir, faire régner sur la terre la justice et le bonheur ou l'injustice et la douleur ». A supposer qu'il y ait un droit à réparation, est-ce donc du Parlement que les victimes de la guerre doivent l'attendre? Et depuis quand, dans une démocratie, est-ce le Parlement qui est souverain et crée les droits? Nous sommes surpris de retrouver ici la doctrine des Pères de l'Eglise dont Bossuet s'inspirait pour dire : « Tout droit doit venir de l'autorité publique » (1). Cette théorie est fort dangereuse ; elle ne tendrait à rien moins qu'à remettre le peuple à la discrétion du pouvoir qui ferait naître des droits au gré de sa toute-puissance alors qu'en bonne doctrine les droits naissent dans le peuple et s'imposent au Parlement qui les sanctionne. Historiquement, d'ailleurs, la théorie de M. Desplas paraît être une erreur ; il n'y a guère de gouvernements, pensons-nous, qui aient créé des droits au sens propre et juridique du mot ; il semble, au contraire, que les gouvernements n'aient jamais fait et, souvent, après beaucoup de résistance, que formuler des droits déjà entrés dans la coutume et impérieusement affirmés par la nation ; cela est si vrai qu'étant arrivé que, certains gouvernements résistaient plus qu'il n'était convenable aux aspirations populaires, le peuple prit lui-même les droits qu'on lui déniait et renversa les gouvernements.

Que le Parlement réalise la réparation de tous les dom-

(1) Politique tirée de l'*Ecriture Sainte*, livre I, art. 3, prop. 4.

mages de guerre survenus aux soldats et au territoire, il fera une œuvre superbe à quoi chacun applaudira ; mais il n'aura pas créé le droit.

Il résulte donc des considérations précédentes que, d'une part, le droit des militaires infirmes à indemnisation n'est pas posé ; et que, d'autre part, c'est dans une autre direction que celle de la volonté parlementaire qu'il convient d'en chercher le principe.

CHAPITRE II

LA DOCTRINE CLASSIQUE

L'infirme de guerre n'a aucun droit à indemnisation.

La théorie d'absolutisme gouvernemental ainsi défendue d'une manière inattendue par M. Desplas, lequel ne craint pas de s'appuyer (1) sur l'autorité de Joseph de Maistre jugé, cependant, comme « un des plus grands ennemis des droits de l'homme, un des écrivains les plus hostiles à nos gloires et à nos idées révolutionnaires » (2), cette théorie d'absolutisme gouvernemental est d'accord d'ailleurs avec la doctrine du droit administratif. Et M. Desplas cite lui-même un certain nombre d'auteurs faisant autorité, et qui, tous, tiennent le gouvernement comme entièrement irresponsable,

(1) Desplas, *loc. cit.*, p. 1185, 1re colonne.
(2) Fouillée, *L'idée moderne du droit*, p. 71.

non seulement du fait de la guerre, mais aussi de tous les dommages engendrés par la guerre. Tel était, bien entendu, l'avis du chef de l'Etat qui, lors des débats de la loi du 6 septembre 1871 sur la réparation des dommages de guerre, fit cette déclaration que « les principes du droit public ne permettent pas de reconnaître l'existence d'une créance véritable naissant des dommages causés par la guerre ».

Dans le même sens, le rapporteur de la loi du 7 avril 1873 disait que « l'Etat ni la Commission du budget n'ont entendu créer un droit à indemnité, ni consacrer l'existence d'une dette de l'Etat » ; et le rapporteur de la loi du 28 juillet 1874 s'exprimait ainsi : « La pensée de la Commission est que la mesure sera considérée comme tout à fait exceptionnelle : elle constitue un dédommagement accordé uniquement à titre gracieux ».

En 1905, le ministre de la Guerre soutenait dans la fameuse affaire Auxerre (1) que le service militaire est une charge publique, un fait de force majeure ; et que les dommages plus ou moins graves qui résultent des charges publiques n'ouvrent droit par eux-mêmes à aucune réparation légale.

M. Ducrocq, dans son *Cours de droit administratif*, dit (2) : « Les faits de guerre ne peuvent faire naître aucune créance d'indemnité contre l'Etat ».

M. Hauriou, dans la *Théorie des Actes de gouvernement* : « De tous ces actes, ceux qui ont le plus énergiquement le

(1) Voir, *infra*, p. 47.
(2) 5e édition, p. 322.

caractère d'acte gouvernemental sont ceux relatifs à la sûreté extérieure, ce qui se conçoit aisément ; aussi la jurisprudence qui, sur ce point, est un peu rigoureuse ne fait-elle aucune distinction » (1).

M. Berthélemy, dans son *Traité élémentaire de droit administratif* (2) :

« Il en est de même des faits de guerre qui sont des faits de force majeure et ne comportent à ce titre ni recours à l'indemnité ni pourvoi en annulation ».

M. Teissier, dans sa *Responsabilité de la puissance publique* (3) :

« Suivant nous, l'irresponsabilité de l'Etat à raison de fait de guerre ne doit pas être rattachée à l'idée qu'on se trouve en présence de conséquences de l'action gouvernementale du pouvoir exécutif, mais uniquement à l'idée que l'on se trouve en présence de dommages imputables à la force majeure... C'est à l'idée de force majeure ainsi entendue qu'il faut rattacher le principe de l'irresponsabilité de l'Etat à l'occasion de faits calamiteux, de troubles révolutionnaires et de faits de guerre. Il ne peut appartenir qu'au seul pouvoir législatif d'accorder, dans des circonstances exceptionnelles, pour des raisons d'équité ou d'humanité, des dédommagements aux victimes des calamités publiques ou des faits de guerre ».

M. Moreau, dans son *Traité de droit administratif* (4) :

(1) P. 81.
(2) P. 108.
(3) N° 113. 206.
(4) Edition de 1896, II.

« La responsabilité de l'Etat est écartée pour les cas fortuits et de force majeure ; dans la force majeure sont compris les faits de guerre ».

M. Laferrière, dans sa *Juridiction administrative et recours contentieux* (1) : « Le fait de guerre est celui qui s'impose comme le résultat d'une force majeure » ; et encore : « La responsabilité est nulle quand la fonction de l'Etat confine à la souveraineté ; c'est pourquoi ni les actes législatifs, ni les faits de guerre ne peuvent donner lieu à une action en responsabilité contre l'Etat, quelles que soient les fautes imputées à ses représentants ».

La majorité des auteurs précédents considèrent donc que la responsabilité de l'Etat est hors de cause parce que la guerre est le résultat d'un cas de force majeure ; M. Hauriou, et sans doute aussi M. Laferrière dont l'opinion cependant semble avoir un peu varié sur ce point, parce que la guerre fait partie des actes de gouvernement qui sont, par leur nature, au-dessus de tout recours.

Mais, aucun juriste n'ose invoquer la théorie d'impôt du sang dont il nous faut dire quelques mots cependant.

I. — *L'impôt du sang.*

Nous n'aurions pas cru devoir nous arrêter à cette idée barbare malgré qu'elle trouve souvent place dans la littéra-

(1) Edition de 1887, II, p. 184.

ture et dans la phraséologie de la politique et du journalisme, si le rapport de M. Masse, ainsi que nous l'avons signalé, n'y donnait quelque importance ; c'est en vertu de l'impôt du sang que M. Masse, au nom de la Commission des pensions de la Chambre, croit pouvoir dénier aux blessés un droit personnel à réparation : « L'impôt du sang est dû sans réserve. Dans la rigueur du droit national, il peut être exigé sans contre-partie directe au profit de l'individu. »

Or, rien dans le droit national ne permet d'assimiler l'Etat à ces divinités monstrueuses qui réclamaient des sacrifices humains. L'erreur vient d'une faute d'interprétation : comme le fait fort justement observer M. Dousset (1) : « La destination du militaire est de défendre les intérêts des nationaux, non d'être tué ou blessé » ; et encore (2) : « L'expression d'impôt du sang souvent employée ne nous paraît pas plus juste. La destination du soldat n'est pas d'être tué ou blessé ; ce n'est là qu'un cas fortuit qui, loin de profiter à la collectivité, lui préjudicie puisqu'il la prive d'un défenseur et lui cause des frais de soins et de pensions (3) ; verser son sang est une conséquence mais non l'objet du service militaire ».

En réalité, c'est le service militaire qui est un impôt mais non le sang versé à l'occasion de ce service.

(1) Dousset, *loc. cit.*, p. 164.
(2) Dousset, *loc. cit.*, p. 85.
(3) M. Dousset aurait pu ajouter que la perte ou l'invalidité d'un citoyen cause, en outre, au pays un grave dommage économique ; il est vrai que certains économistes voient dans la guerre une utile « saignée ».

En 1789, l'Assemblée constituante avait déclaré que le service militaire était à la fois un honneur et une charge ; la loi du 4 mars 1791 l'avait présenté comme un « devoir civique et général ». La Constitution de 1793, par son article 101, avait prescrit que « nul n'est dispensé de l'honorable obligation de contribuer aux charges publiques ». La loi du 27 juillet 1872, dans son article 1er : « Tout Français doit le service militaire personnel ». Mais il fallut attendre jusqu'à la loi du 21 mars 1905 (loi de deux ans) pour arriver à une obligation effective de tous les citoyens. Le service militaire est alors devenu, suivant l'expression de M. Dousset, une « capitation rigoureusement uniforme » (1) dont le principe découle de la règle « d'égalité devant la loi et les charges publiques » (2). Les militaires apparaissent comme des contribuables s'acquittant de la contribution militaire (3). Mais alors, comme le fait remarquer M. Dousset (4), « la façon normale de se libérer de sa dette est de se soumettre à la loi de recrutement ; toutes les précautions y sont prises pour que le citoyen puisse s'acquitter en payant ce qu'il doit et rien de plus ».

Et l'homme sera quitte s'il fait purement et simplement son service suivant la loi de recrutement. Mais si, au cours de ce service, il a été tué ou blessé, s'il a versé du sang, il a donné au pays quelque chose de plus que l'impôt auquo

(1) Dousset, *loc. cit.*, p. 87.
(2) Dousset, *loc. cit.*, p. 85.
(3) Dousset, *loc. cit.*, p. 89.
(4) Dousset, *loc. cit.*, p. 89.

il était astreint et, pour ce qu'il a donné en plus, il semble juste qu'il y ait lieu à indemnisation.

La théorie d'impôt du sang, fausse dans son principe, ne peut donc justifier le refus au militaire infirme d'un droit à réparation.

II. — *La guerre, cas de force majeure.*

Il convient de remarquer, dès l'abord, que la conception de la guerre cas de force majeure implique en réalité la responsabilité de l'Etat ; en effet, dire que l'Etat n'est pas responsable lorsqu'il y a force majeure, c'est dire qu'il est responsable quand la force majeure n'existe pas ; si l'Etat est responsable dans cette dernière éventualité, il le sera en vertu des art. 1382 et suivants du Code civil (1). Telle est d'ailleurs la jurisprudence administrative avec l'atténuation toutefois, posée par le tribunal des conflits, que cette responsabilité est limitée par « la nécessité de concilier les droits de l'Etat avec les droits privés » (2).

Dans le cas particulier des dommages de guerre, l'Etat ne serait donc irresponsable qu'à titre exceptionnel et simplement parce que la guerre a un caractère de force majeure.

(1) Code civil, art. 1382 : Tout fait quelconque de l'homme qui cause à autrui un dommage oblige celui par la faute duquel il est arrivé à le réparer.

(2) 3 fév. 1873, D. P. 73, 3, 20.

Cette idée de guerre cas de force majeure est fort ancienne, on la trouve jusque dans Grotius ; les vieux juristes comparent la guerre à la grêle ; et la loi des 19 et 26 vendémiaire an VI qui fixe le mode de répartition des indemnités en cas de dommages occasionnés par la *guerre et autres accidents imprévus* s'occupe dans le § 2 de la grêle, des incendies, des inondations, etc... et dans le § 3 de la guerre (1).

Mais les juristes modernes ont rectifié ce qu'il y avait d'erroné dans une semblable conception et réduit le domaine de la force majeure. « La force majeure, écrit M. J. Barthelémy, ou le cas fortuit c'est la foudre, le tremblement de terre, l'inondation ; c'est-à-dire ce sont des faits complètement étrangers à l'organisation politique, à la volonté et à l'existence de l'Etat. Qu'elle soit d'ailleurs offensive ou défensive, la guerre est une conséquence de la diplomatie ; elle est engagée ou subie pour défendre un grand intérêt matériel, un grand intérêt moral ou même l'existence de l'Etat. Elle n'a, à aucun degré, le caractère de cas fortuit ; elle n'est que le fonctionnement le plus intensif du grand service public de la défense nationale » (2).

M. Planiol, de son côté, fait remarquer que le cas de force majeure est caractérisé par la nature insurmontable d'un obstacle. Il est dès lors facile de concevoir que certains

(1) Larnaude, *La guerre et la vie de demain*, t. II, Alcan, 1917, p. 209.

(2) J. Barthelémy, *La réparation des dommages de guerre*, Alcan, 1917, p. 67.

obstacles, insurmontables pour les uns, ne seraient pas insurmontables pour d'autres qui apporteraient en face des événements plus d'ingéniosité, plus d'audace, plus de sang-froid ; et, conséquemment, il semble vraiment insuffisant que l'Etat, pour dégager sa responsabilité, vienne simplement affirmer l'existence d'une force majeure et qu'on soit en droit de lui demander de prouver et non d'affirmer que l'obstacle était vraiment insurmontable.

Et, à cet égard, il convient de préciser le texte cité de M. J. Barthelémy en relevant ce qu'il pourrait y avoir d'ambigu dans la formule de la guerre « conséquence de la diplomatie » ; certes la guerre peut être considérée comme la résultante des agissements diplomatiques ; mais il faut spécifier que, la diplomatie eût-elle mis une nation au bord même de la guerre, il reste cependant que celle-ci ne peut pas se produire sans une volonté déterminante, décisive, portant exclusivement sur le point de savoir si, oui ou non, la guerre précisément doit être faite. La guerre, aboutissant des circonstances diplomatiques, est donc, avant tout et par-dessus tout, la conséquence d'une volonté finale et précise de se défendre ou d'attaquer ; elle n'est pas et ne peut jamais être l'inéluctable conclusion des événements diplomatiques et ceux-ci sont impuissants à lui conférer ce caractère fatal qui en pourrait faire en un certain sens un acte de force majeure. Si donc la guerre est faite, c'est qu'on veut la faire et souvent, comme dit M. J. Barthelémy, pour défendre un grand intérêt moral ou un grand intérêt matériel ou même l'existence de l'Etat ; et si la guerre est toujours voulue, non seulement elle ne ressemble en rien au cas de force majeure d'ordre sismique, mais elle ne présente encore aucunement le caractère d'un cas de force majeure d'ordre diplomatique.

Mais, pour éviter à l'Etat d'avoir à faire cette preuve impossible que la guerre est un cas de force majeure, la doctrine classique établit au bénéfice de l'Etat une présomption de force majeure ; c'est ainsi que M. H. Berthélemy déclare (1) : « Il est impossible de considérer les dommages de guerre comme directement occasionnés par la négligence des autorités qui ont la fonction de nous en défendre. Par présomption, la puissance publique, en cette matière, a fait ce qui dépendait d'elle ». Admettons cette présomption ; encore faudrait-il, étant donné qu'il y a, dans toute guerre, un belligérant qui subit l'agression et l'autre qui la commet et que, par conséquent, le cas de force majeure, s'il existe, ne peut exister que pour l'un et non pour l'autre, admettre, contre la présomption de force majeure, la possibilité d'une preuve contraire.

M. Desplas dit : « La guerre actuelle n'est pas le fait de la France... La France était pacifique ; elle ne voulait pas la guerre ». C'est là une vérité incontestable ; et si nous n'avons pas voulu la guerre, elle nous a donc été imposée ; et, par conséquent, elle aurait pour nous Français, tout au moins à un point de vue moral, le caractère d'un cas de force majeure. Mais quand on envisage, du côté doctrinal, un

(1) H. Berthélemy, *La réparation des dommages de guerre*, Alcan, 1917, p. 18.

problème aussi général que celui de la responsabilité de l'Etat en cas de guerre, il faut s'abstenir de raisonner sur un cas particulier ou au point de vue des belligérants. Ce que nous devons rechercher en ce moment ce n'est pas si la responsabilité de l'Etat français peut être engagée dans la guerre actuelle mais si, dans une guerre quelconque, un belligérant quelconque peut légitimement, pour se dégager de toute responsabilité vis-à-vis de ses nationaux, exciper d'un cas de force majeure sans être astreint, sinon à faire la preuve, du moins à subir la preuve contraire.

Or, énoncer le problème c'est le résoudre, tant il est clair que le cas de force majeure n'est qu'une excuse et que toute excuse doit se prouver. Au surplus, dire que la guerre est un cas de force majeure présuppose que la guerre, normalement, ne doit pas être faite ; qu'il entre dans le devoir du Gouvernement de ne pas la faire ; que le Gouvernement, en vertu d'une sorte d'accord contractuel avec la nation, a pris l'engagement de conduire les affaires du pays d'une façon telle que le pays reste valide, à peu près comme dans la théorie contractuelle émise à propos de la réparation des accidents du travail, le patron est censé prendre l'engagement de restituer l'ouvrier valide à la sortie des ateliers. Dès lors que le Gouvernement fait la guerre, ne lui appartient-il pas de prouver qu'il ne l'a pas voulue ; qu'elle lui a été imposée ; qu'il n'a pas pu ne pas la faire, exactement comme le patron, dans la théorie contractuelle du domaine industriel, doit prouver que l'accident n'est pas son fait ?

Mais faudra-t-il, dit M. Desplas, « que les personnes

lésées fassent la preuve de la faute ? qu'elles établissent, par exemple, qu'il y a eu, à l'origine de la guerre, une faute du service diplomatique ; que la guerre aurait pu être évitée ; qu'il y a eu faute du service public de la défense nationale ; en sorte que la guerre, au lieu d'être subie en territoire national, aurait pu être portée sur le territoire ennemi ; qu'il s'est produit des erreurs grossières équivalant à des fautes lourdes sur la nature et la puissance des armements nécessaires et, par conséquent, des fautes du Parlement, du Gouvernement et des autorités militaires ; donc des fautes de l'Etat ? »

Et M. Desplas repousse comme d'inadmissibles hypothèses ces possibilités de fautes ; mais il n'est pas question, encore une fois, de savoir si, en France, à propos de la guerre actuelle, la diplomatie n'a commis aucune faute et si tout avait été bien prévu pour la défense nationale ; il s'agit de savoir s'il est compatible avec les principes du droit que, dans une circonstance quelconque de l'activité sociale, l'Etat puisse, simplement parce qu'il est l'Etat, décliner toute responsabilité en soulevant une exception de force majeure, devant quoi chacun devrait s'incliner comme devant un article de foi. Et nous ne voyons pas du tout, étant donné que chaque Etat belligérant s'efforce, devant la conscience universelle, de faire la preuve que la guerre n'est pas son fait, pourquoi la possibilité d'une telle preuve ne serait pas admise en droit interne. D'autant qu'enfin la guerre est une terrible calamité, un atroce vestige d'une épouvantable barbarie ; que tout doit être mis en œuvre pour l'éviter et qu'il est essentiel, afin de rendre les gouvernants réservés et prudents au maximum, de ne rien cacher, une fois la guerre finie, des conditions qui l'ont amenée et des possibilités qu'il pouvait y avoir de l'éviter.

Mais — et nous ne parlons pas de la guerre actuelle — s'il faut fouiller dans le détail les conditions qui ont amené la guerre et dégager quelles possibilités pouvaient exister de l'éviter, la responsabilité de l'Etat risque de surgir. Cela, la doctrine classique veut encore l'empêcher ; et c'est pourquoi, non seulement elle pose le principe de la guerre cas de force majeure, non seulement elle établit en faveur de l'Etat une présomption de réalité de cette force majeure, mais encore elle affirme, qu'y eût-il fautes de l'Etat, ces fautes ne sont pas des fautes et ne peuvent engager aucune responsabilité. Ainsi M. H. Berthélemy (1) : « Notre gouvernement, on le sait (même en Allemagne), a fait pour conserver la paix tout ce qui dépendait de lui. Mais, il faut bien reconnaître (dût-on l'en excuser) qu'il n'a rien fait de ce qu'il fallait pour préparer la guerre, pour rendre la guerre moins inégale, la défense plus sérieuse et l'invasion plus malaisée. Que ce soit faute de matériel ou de munitions, que ce soit légèreté politique, imprévoyance diplomatique ou maladresse militaire, l'Etat, dont le premier devoir est de nous protéger contre l'agression de l'étranger a failli à sa mission » (2), et, ayant ainsi résumé certains

(1) H. Berthélemy, *loc. cit.*, p. 4.

(2) « N'est-on pas fondé à dire à l'Etat, écrit M. Dousset (*loc. cit.*, p. 164) que par une diplomatie plus habile, il aurait pu empêcher le

des plus importants griefs, il déclare : « Il est trop clair que l'Etat ne peut pas répondre de l'insuffisance, de l'impéritie, de l'inefficacité des services que ses représentants organisent et dont le devoir est seulement de faire pour le mieux, ce mieux fût-il moins que bien ». Voilà une indulgence fort dangereuse ; c'est avec de telles indulgences qu'on prépare les pires catastrophes. Vraiment, nous ne pouvons être satisfaits que les services publics (et quels services publics ! ceux de la défense nationale) fassent de leur mieux quand ce mieux est moins que bien ; et pourquoi donc l'Etat ne répondrait-il pas de l'insuffisance, de l'impéritie, de l'inefficacité des services publics ? Alors, pendant des années, l'Etat aurait, par l'entremise de fonctionnaires par lui choisis, conduit des conversations diplomatiques, conclu des traités, préparé la défense nationale ; et le jour où tous ces services apparaîtraient défaillants, l'Etat n'aurait pour expliquer et justifier les catastrophes, les ruines, les morts qu'à déclarer : « Les fonctionnaires ont fait de leur mieux ; mais ils sont insuffisants et imprévoyants ; ce n'est pas de leur faute ». Quelle que grande que puisse être l'autorité qui s'attache au nom de M. H. Berthélemy, une telle conception nous paraît devoir être repoussée avec énergie ; il semble déjà inadmissible que l'Etat veuille s'abriter derrière l'excuse

conflit ou qu'une organisation plus judicieuse de nos forces aurait pu changer le sort des armes ou rendre la guerre moins désastreuse. »

Sur ce point, voir également SEIGNOBOS, *La réorganisation de la France*, Alcan, 1917, p. 38 et suiv.

de la force majeure ; mais qu'il prétende en outre, le cas échéant, s'abriter derrière l'impéritie de ses services, cela nous paraît être la négation de la logique et du droit. L'impéritie des services constituerait au contraire, et au plus haut degré, la faute et la faute lourde de nature à engager d'une façon pleine et entière la responsabilité de l'Etat.

Cette théorie classique d'irresponsabilité de l'Etat fondée sur le cas de force majeure, c'est-à-dire en somme sur la non possibilité de faute, est loin d'avoir été toujours acceptée.

Ainsi le Conseil d'Etat, dans l'affaire Auxerre (1) où la faute d'un lieutenant coupable de ne pas avoir visité les armes après le tir avait entraîné la mort d'un soldat, le Conseil d'Etat a admis la responsabilité de l'Etat vis-à-vis du père de la victime. Ainsi, encore, à la Chambre des députés, le 13 mars 1914, M. Ghesquière fit voter par 500 voix contre 30 un crédit de 2 millions pour réparation des dommages causés aux familles par le décès, au service militaire, de leurs enfants ou de leurs chefs ou soutiens par suite d'épidémies et autres maladies ; au cours de son intervention, M. Ghesquière parle de « négligence et d'imprévoyance de l'Etat », invoque les articles 1382 et 1384 du Code civil et affirme la responsabilité de l'Etat, ainsi

(1) Cont., 17 février 1905.

qu'il résulte des termes d'un ordre du jour qui, s'il ne fut pas mis aux voix, eut du moins l'incontestable assentiment de l'assemblée et entraina le vote des crédits d'indemnisation, malgré l'avis du Gouvernement qui plaidait l'absence de droit des soldats à toute indemnité (1).

(2) Voici le texte de cet ordre du jour :

« La Chambre,

« Convaincue que les conditions sanitaires ont été si mauvaises et l'instruction des jeunes soldats si surmenée cet hiver que l'on doit à ces principales causes la morbidité et la mortalité si considérables qui ont sévi, en ces derniers temps, dans les casernes;

« Considérant, par conséquent, que l'Etat doit être rendu responsable des pertes douloureuses que près d'un millier de familles ont subies de sa faute par la mort des leurs, du fait des épidémies militaires et autres maladies ;

« Considérant, qu'en régime démocratique surtout, l'Etat est moralement et logiquement tenu, ainsi que l'individu quel qu'il soit, aux dommages et intérêts établis par les articles 1382 et 1384 du Code civil qui prévoient que tout fait quelconque de l'homme qui cause à autrui un dommage, oblige celui par la faute duquel il est arrivé à le réparer et que, non seulement il est responsable pour lui, mais encore du dommage causé du fait des personnes dont il doit répondre et des choses dont il a la garde, surtout quand il a laissé se produire le dommage par négligence ou par imprudence ;

« En conséquence, la Chambre invite le Gouvernement à recourir aux sanctions qui s'imposent et à demander au Parlement les crédits nécessaires pour indemniser efficacement les familles des militaires morts des suites des maladies qui sévissent dans l'armée.

« Elle invite, en outre, le Gouvernement à présenter sans plus de retard au Parlement un projet de loi tendant à la réparation pécuniaire des accidents ou maladies dont les soldats sont les victimes, qui les font mourir ou les rendent impropres au service militaire et incapables de subvenir à leurs besoins d'existence par le travail. »

Au surplus, la notion de faute n'est pas essentielle puisque l'interprétation moderne de l'art. 1382 du Code civil ne fait plus reposer la responsabilité sur la faute de l'auteur de l'acte mais sur le fait de l'auteur. Il convient de s'expliquer à cet égard. L'article 1382 obligeant celui par la faute duquel un dommage est arrivé à réparer le dommage, il est apparu primitivement que l'obligation de réparer ne pouvait exister si le dommage n'était pas le résultat d'une faute.

La faute, suivant M. Planiol (1), consiste à faire ce qu'on ne doit pas faire ou à ne pas faire ce qu'on doit. Suivant M. Gény (2) pour qu'il y ait faute, il faut qu'il y ait : 1° un acte illicite ; 2° conscience de cet acte par son auteur. M. Duguit (3) dit que la « violation consciente d'une règle de droit par une volonté libre entraîne la responsabilité de la personne titulaire de cette volonté ».

Telle est d'ailleurs, suivant la doctrine classique, la vraie portée de l'article 1382 ; il n'y a pas possibilité de réparation parce qu'il n'y a pas responsabilité, s'il n'existe pas une faute à l'origine du dommage. M. Planiol (4) rappelle que la loi Aquilia supposait le *damnum quod non jure fit* et il estime que, pour donner lieu à réparation, le fait qui a causé le dommage doit être illégitime. M. Charmont (5)

(1) PLANIOL, *Traité élém. de droit civil*, 1912, II, p. 263, note 1.
(2) « Risques et responsabilité », *Revue de droit civil*, 1902, p. 820.
(3) *Transformations du droit public*, p. 229.
(4) PLANIOL, *loc. cit.*, II, p. 863.
(5) CHARMONT, *Les transformations du droit civil*, p. 237.

rappelle le principe *neminem loedit qui jure suo utitur ;* le Code allemand dit : celui qui lèse illégalement (1) et le Code fédéral suisse : quiconque lèse sans droit (2).

Il semble donc incontestable que la faute doit être de toute nécessité la violation d'une règle. Mais tout est dans l'interprétation et la jurisprudence a donné de l'idée de faute une interprétation très extensive.

D'une part, alors que l'on ne commet pas de faute, suivant la doctrine classique, quand on accomplit un acte licite puisqu'on ne fait ainsi qu'user de son droit, la jurisprudence est arrivée, en dédoublant l'idée de droit, à considérer l'usage du droit et l'abus du droit. Ainsi l'art. 226 du Code civil allemand dit : « L'exercice d'un droit n'est pas permis lorsqu'il ne peut avoir d'autre but que de causer à autrui un dommage (3) ».

(1) Art. 823.

(2) Article 50.

(3) Suivant M. Charmont (« L'abus du droit » *Rev. trim. de droit civil*, 1902, p. 122 et suiv.) l'abus du droit n'est pas seulement l'intention de nuire à autrui dans l'exercice du droit ; c'est le détournement du droit de son but économique et social.

Suivant M. Saleilles (« De l'abus du droit », *Bull. de la soc. d'études législatives*, 1905, p. 325 et suiv.), « un acte dont l'effet ne peut être que de nuire à autrui sans intérêt appréciable et légitime pour celui qui l'accomplit ne peut jamais constituer un exercice licite d'un droit ».

Mais, suivant M. Planiol (*Traité élém. de droit civil*, II, p. 284, n° 871) : « Le droit cesse où l'abus commence ; et il ne peut pas y avoir usage abusif d'un droit quelconque par la raison irréfutable qu'un seul et même acte ne peut être tout à la fois conforme au droit et contraire au droit ».

De sorte que, suivant l'acception nouvelle, il y a faute lorsque, tout en se maintenant dans la limite de son droit il se trouve, en raison de circonstances plus ou moins contingentes, qu'on abuse de ce droit. Une des principales applications de cette notion d'abus du droit a été faite, signale M. Charmont, à propos du louage de services; alors que les contractants en cas de contrat de louage de service sans limitation de durée, peuvent à toute époque mettre fin au contrat en observant simplement le délai congé, les tribunaux ont considéré qu'il y avait abus du droit lorsque, par exemple, le délai congé étant cependant observé, il y a congédiement d'un employé peu de temps avant que cet employé ait droit à sa retraite ; et les tribunaux allouent des dommages-intérêts (1).

D'autre part, la jurisprudence a voulu considérer comme faute, non pas seulement la violation d'une règle d'ordre juridique, mais aussi la violation d'une règle d'ordre pratique (2). De sorte qu'elle considère comme responsable du dommage tout aussi bien celui qui a simplement fauté par inhabileté ou maladresse que celui qui est sorti de son droit ou en a abusé. « Ceci dit M. Planiol, n'est pas une vaine

Donc, pour concilier ce qu'il y a évidemment d'antinomique dans l'idée d'abus du droit, il faudrait ne pas s'en tenir à la considération de l'acte lui-même mais en rechercher le but. A rapprocher de la théorie de la cause (Bufnoir, *Propriété et contrat*, p. 809).

(1) La loi du 27 décembre 1890, additionnelle à l'article 1780 du Code civil, sanctionne cette jurisprudence.

(2) Planiol, *Revue critique*, mai 1905, p. 283.

supposition, la loi nous défend réellement d'être maladroits (1). »

Mais l'évolution s'est encore accentuée et a totalement exclu l'idée de faute. On a considéré, en effet, que l'art. 1382 dit : « Tout fait quelconque de l'homme oblige à réparation » ; il ne serait donc pas nécessaire qu'il y eût faute. Il est vrai que l'art. 1382 dit que la réparation incombe à celui « par la faute duquel » le dommage est arrivé ; mais on peut remarquer avec M. Planiol que cette expression vient dans une proposition purement incidente (2) ; et on peut supposer que le mot faute n'a pas été employé dans un sens absolument juridique mais dans un sens vulgaire, comme on aurait dit « à cause de qui » le dommage est arrivé.

On a donc pensé que l'art. 1382 attachait une obligation de réparer à tout fait dommageable et que la responsabilité, dans le cas de quasi délit, se fondait, non pas sur la faute mais sur le fait de l'homme (3). Ainsi, on donne par assimilation à l'art. 1382 une portée égale à celle de l'art. 1384 qui base le dommage sur le « fait » de la chose. Il y a dans cette opinion, pensons-nous, une certaine analogie avec ce qui se passe sur le terrain pénal en matière de contravention où l'on ne se préoccupe pas des intentions du contre-

(1) Planiol, *Traité élém. droit civil*, II, 863 *bis*.

(2) Planiol, *loc. cit.*, II, 863.

(3) C'est pourquoi M. Dousset, *loc. cit.*, p. 119, a tort de repousser l'application de l'art. 1382 pour l'unique raison qu'il implique l'idée de faute puisque cette idée de faute n'y est plus attachée.

venant ; une responsabilité pénale est attachée au fait de la contravention, exactement comme la théorie moderne attache une responsabilité civile au fait du dommage.

Dans ces conditions, comme l'indique M. Duguit (1) : « La responsabilité de l'Etat ne se rattache aucunement à l'idée de faute... Il ne s'agit plus d'une responsabilité se rattachant à une imputabilité, mais seulement de savoir quel est le patrimoine qui supportera définitivement le risque du dommage occasionné par le fonctionnement d'un service public ».

Et c'est pourquoi nous n'admettons même pas l'excuse du cas de force majeure : le cas de force majeure, avons-nou dit, ne se présume pas, il se prouve ; mais, serait-il prouvé, qu'il ne s'ensuivrait pas, dans le cas particulier, que l'Etat ne doive pas réparation des dommages ; le blessé ne connaît que l'Etat qui fait la guerre : c'est une victime de la guerre qui demande réparation. Si l'Etat objecte qu'il a été contraint par un autre peuple de faire la guerre, le blessé devra répondre *res inter alios* ; il appartiendra à l'Etat contraint de faire la guerre de réclamer, s'il est vainqueur, au peuple agresseur des indemnités suffisantes ; c'est ainsi d'ailleurs, en l'absence d'un droit à réparation reconnu aux victimes de la guerre, et par la force des choses, qu'il est fait dans la pratique. Mais qu'il puisse ou non se retourner contre l'autre belligérant, l'Etat doit pourvoir par ses propres moyens à l'indemnisation de ses nationaux.

(1) *Transformations du droit public*, p. 231.

III. — *La guerre, acte de gouvernement.*

Il faut bien considérer que la doctrine classique s'efforce, en somme, d'abriter l'Etat de responsabilités financières qui pourraient être fort lourdes ; et, à cet égard, la conception de la guerre acte de gouvernement est autrement ingénieuse que celle de la guerre cas de force majeure parce qu'elle supprime de la part de l'Etat toute apparence d'excuse et, de la part des administrés, tout motif de discussion.

Ici, c'est bien simple : l'Etat a fait la guerre parce qu'il l'a faite et il n'a de responsabilité contentieuse vis-à-vis d'aucun de ses ressortissants. Ainsi, le Conseil d'Etat, qu'il s'agisse d'un recours contentieux en annulation, notamment d'un recours pour excès de pouvoir, ou d'un recours contentieux en indemnité oppose une fin absolue de non recevoir (1). Nous nous heurtons ainsi à une conception incompatible avec l'orientation démocratique de nos sociétés modernes. L'acte de gouvernement serait un acte de souveraineté dont la jurisprudence déterminait autrefois le caractère en disant qu'il obéissait à un mobile politique (2) mais

(1) Conseil d'Etat, 28 février 1896, Rosat ; 3 mars 1905, Mante ; 22 février 1907, Le Chartier.

(2) Huit arrêts du tribunal des conflits en date des 22 décembre 1880 ; 29 janvier 1881 ; 12 mars 1881 ; 2 avril 1881 (S. 82, 3, 57, 74 et 75 ; 83, 3, 1).

le Conseil d'État, par deux arrêts et le Tribunal des conflits par un arrêt, ont abandonné cette théorie (1). Elle était d'ailleurs redoutable : « Avec cette théorie, dit M. Jacquelin (2), pour qu'un acte revête le caractère gouvernemental et en conséquence soit soustrait à tout recours contentieux, il suffit que son auteur ait voulu qu'il en soit ainsi ; dans ce système, la liste des actes gouvernementaux devient démesurée puisqu'elle peut s'étendre à tous les actes de la puissance publique ; l'administration peut commettre tous les abus de pouvoir imaginables avec une pleine latitude pourvu qu'elle prenne soin de notifier qu'elle entend agir dans une vue politique et gouvernementale ».

Mais, dans l'impossibilité de trouver à l'acte aucun critérium de forme ou de fond qui permette d'affirmer qu'il s'agit d'un acte de gouvernement, on en vient à considérer avec M. Hauriou (3), que « finalement l'acte de gouvernement est celui qui figure dans une certaine énumération d'actes politiques dressée par la jurisprudence administrative sous l'autorité du tribunal des conflits » (4). On est donc obligé

(1) Conseil d'Etat, deux arrêts, 20 mai 1887, S., 89, 3, 19 ; Tribunal des conflits, 25 mars 1889, S. 91, 3, 32.

(2) Jacquelin, *Les principes dominants du contentieux administratif*. Giard et Brière, 1899, p. 307.

(3) Hauriou, *Précis de droit administratif et de droit public*, p. 79.

(4) Hauriou, p. 80, donne comme liste généralement admise :

1° Les actes relatifs aux rapports du gouvernement avec les Chambres ;

2° Certaines mesures de sûreté intérieure (décrets en matière de police sanitaire ; décrets établissant l'état de siège) ;

d'avouer que « la théorie des actes de gouvernement est fort embrouillée » (1) ; mais M. Jacquelin s'efforce d'y mettre quelque clarté en disant (2) qu'on voit aujourd'hui la notion du gouvernement « dans l'ensemble des prérogatives constitutionnelles du pouvoir exécutif grâce auxquelles il peut, d'une part, représenter la nation vis-à-vis des puissances étrangères et, d'autre part, servir de lien et de modérateur à l'égard des autres pouvoirs constitués à l'intérieur». Ainsi, M. Hauriou déclare que le gouvernement est cette branche du pouvoir exécutif qui « a pour objectif d'assurer le salut de l'unité politique (3) ».

Donc, les actes de gouvernement se répartiraient en deux catégories : les uns tendant à la représentation de la nation vis-à-vis des puissances étrangères (traités ; faits de guerre, etc...) ; et les autres devant servir de lien, de modération entre les pouvoirs constitués à l'intérieur (ajournement des Chambres ; dissolution de la Chambre, initiative

3° Les actes relatifs à la sûreté extérieure de l'Etat et, d'une manière générale, aux relations diplomatiques;

4° Les faits de guerre, à la condition qu'ils soient imposés par les nécessités immédiates de la lutte (Conseil d'Etat, 22 février 1907, Le Chartier) ;

5° Les décrets de grâce ;

6° Les arrêtés des gouverneurs des colonies modifiant la situation légale des territoires coloniaux ;

7° Les annexions de territoire et les actes qui en règlent les conséquences.

(1) HAURIOU, *loc. cit.*, p. 77.

(2) JACQUELIN, *loc. cit.*, p. 210.

(3) HAURIOU, *loc. cit.*, p. 10, 23, 283.

législative, etc...) Les uns et les autres auraient un caractère d'actes de jonction.

Suivant l'opinion de M. Jacquelin (1), cette théorie des actes de gouvernement serait consacrée législativement par la loi du 24 mai 1872 qui reproduit la loi du 3 mars 1849, et suivant laquelle « les ministres ont le droit de revendiquer devant le tribunal des conflits les affaires portées à la section du contentieux du Conseil d'Etat et qui n'appartiendraient pas au contentieux administratif ». L'effet de cette théorie est de soustraire les actes de gouvernement et notamment les faits de guerre à tout recours ; le gouvernement ne peut répondre de ces actes que devant les Chambres en vertu de la responsabilité politique des ministres sous le régime parlementaire et ceux qui sont lésés par ces actes ne peuvent demander réparation que par la voie du recours gracieux et hiérarchique qui est toujours ouvert mais qui n'est que gracieux.

Ici, par conséquent, le Gouvernement ne se donne pas la peine d'invoquer la force majeure qui est déjà un commencement d'excuse et ouvre la voie à la discussion et à la critique ; il a agi de telle façon parce qu'il a cru, dans sa souveraineté, devoir agir ainsi ; l'exercice de cette souveraineté le tient au-dessus des responsabilités civiles et des réparations. Telle est, évidemment, l'idée de M. Desplas que l'acte étant souverain, l'Etat ne peut être responsable que si cette responsabilité est consacrée législativement ; c'est dans cet

(1) Jacquelin, *loc. cit.*, p. 302.

esprit sans doute qu'il demande au Parlement de créer le droit. Mais ainsi survit une conception d'absolutisme réellement inadmissible. Nous dirons à nouveau : est-il acceptable que dans une circonstance quelconque de l'activité sociale et sous un régime démocratique, un gouvernement puisse, au mépris de tous les principes du droit et simplement parce qu'il est gouvernement, décliner toute autre responsabilité qu'une responsabilité politique vraiment anodine, en soulevant une exception de souveraineté ? Comme dit M. Jacquelin, « ce doit être une aspiration constante de toute société libre que de soumettre tous les actes de souveraineté, si indispensables qu'ils puissent être pour la société elle-même, au respect du droit et de la justice ».

Mais une remarque s'impose : les auteurs étant d'accord pour définir l'acte de gouvernement comme un acte du pouvoir exécutif, la guerre, considérée tout au moins dans son fait même, n'est pas absolument un acte de gouvernement puisque, sous nos régimes, la déclaration de guerre n'émane du pouvoir exécutif qu'après autorisation du pouvoir législatif. Il est possible que la guerre ait été préparée par des actes de gouvernement tels que traités et conversations diplomatiques, mobilisation et ultimatums ; il est certain d'autre part que sa conduite relève également du pouvoir exécutif et rentre dans l'énumération des actes de gouvernement ; mais la guerre elle-même considérée dans le moment où elle naît, où elle est décidée, n'est pas, chez nous, absolument et entièrement un acte de gouvernement. C'est là d'ailleurs une remarque de principe sans influence sur le refus fait aux ressortissants d'un recours contentieux parce que si la doctrine trouve un acte du pouvoir exécutif assez puissant pour être à l'abri des recours, à plus forte raison accordera-t-elle la même immunité à un acte de l'exécutif préalablement autorisé par le pouvoir législatif.

Du moins importe-t-il, néanmoins, au point de vue doctrinal de marquer que, dans le fait de la guerre, tout ce qui se passe avant la déclaration et après cette déclaration appartient à l'acte de gouvernement et que la déclaration elle-même qui est le fait principal et déclenche les calamités est un fait principalement législatif.

Quoi qu'il en soit, la théorie de l'acte de gouvernement édifiée pour abriter l'Etat de toute responsabilité nous paraît, en dernière analyse, se retourner contre l'Etat lui-même et servir de fondement à sa responsabilité. En effet, dire que la guerre est un acte de gouvernement c'est reconnaître que la guerre est le fait du gouvernement, puisque celui-ci est expressément reconnu comme auteur de l'acte (1) et s'il est l'auteur de l'acte il doit réparer les conséquences de cet acte. En vain objecterait-on le cas de force majeure : *res inter alios* ; ou l'irresponsabilité de l'Etat souverain : l'irresponsabilité ne doit pas être un caractère de la souveraineté.

La théorie des actes de gouvernement paraît en effet mêler deux questions différentes : la question du droit pour le Gouvernement d'agir et la question du devoir pour le Gouvernement de réparer les conséquences de ses actes.

(1) « La guerre est le fait de l'Etat », dit M. J. Barthélémy, *loc. cit.*, p. 67.

Or, l'acte de gouvernement est un fait ; le fait du gouvernement qui gouverne ; mais de ce qu'il y a des actes de gouvernement il ne s'en suit pas que le gouvernement doive être irresponsable pour ces actes. C'est ce qui a été nettement vu par M. Duguit (1) qui cite, notamment, le cas de l'Etat appliquant dans la plénitude de son droit un nouveau règlement aux Compagnies de chemin de fer, lesquelles cependant furent déclarées par le Conseil d'Etat (2) fondées à réclamer une indemnité pour le dommage que le règlement leur faisait subir.

D'ailleurs, le ministre des Travaux publics, se rangeant à cette façon de voir, déclarait, dans l'exposé des motifs du projet de loi qui devint la loi du 3 décembre 1908 relative au raccordement des voies de fer et des voies d'eau : « chaque fois que la puissance publique reconnaît que l'intérêt des grands services exige impérieusement une dérogation aux conditions primitives de la concession, si cette dérogation est de nature à léser les intérêts du concessionnaire, celui-ci a droit à la réparation du préjudice qui lui est imposé ».

On peut donc appliquer le raisonnement au fait de la guerre et dire que si l'Etat fait la guerre dans la plénitude de sa souveraineté, il n'en doit pas moins réparation des dommages résultant de cette guerre, en vertu d'une responsabilité qui n'a rien d'incompatible avec la souveraineté.

(1) Duguit, *Le droit social et le droit individuel*, Alcan, 1911, p. 96 et suiv.

(2) Conseil d'Etat, 6 décembre 1907.

Le propre des régimes démocratiques est d'attacher une responsabilité aux actes souverains eux-mêmes et les Etats-Unis d'Amérique, mieux inspirés que nous à cet égard, ne sont pas tombés dans cette confusion. « N'apparaît-il pas, dit M. Jacquelin (1), comme préférable pour l'individu, c'est-à-dire, en définitive, pour l'unique réalité du monde vivant, le système pratiqué aux Etats-Unis d'Amérique qui subordonne à la juridiction fédérale la plus élevée, l'examen de la constitutionnalité des lois et, par conséquent aussi, des actes de gouvernement ? C'est parce qu'il est placé sur le même plan que la loi, laquelle ne relève que de la constitution et parce que chez nous, l'on ne permet pas aux tribunaux de juger de la conformité de la première avec la seconde que l'acte de gouvernement échappe à la justice et ne se prête qu'à un recours d'ordre gracieux et d'ordre parlementaire. »

En France, un courant d'opinion très sérieux tend à faire disparaître les derniers vestiges de l'irresponsabilité de la puissance publique.

Dans leurs conclusions au Conseil d'Etat, M. Teissier (2) disait : « Il ne suffit plus à l'administration pour échapper à toute responsabilité d'invoquer le caractère de la puissance publique » ; et M. Romieu (3) : « Il est exact que, pendant un certain temps, la jurisprudence a cru pouvoir formuler cette règle que les actes de police et de puissance publique n'étaient pas de nature à engager la responsabilité pécu-

(1) Jacquelin, *loc. cit.*, p. 304.
(2) Cons. Etat, 20 mai 1903.
(3) Cons. Etat, 1er février 1905, Rec. p. 140.

niaire de l'administration. Mais on a fini par reconnaître les inconvénients, les contradictions, les conséquences iniques auxquelles pouvait conduire cette formule beaucoup trop générale ».

Et la doctrine, tout au moins la doctrine d'avant-garde, pousse à la responsabilité de l'Etat sans restrictions. Ainsi M. Duguit (1) : « Il n'y a pas aujourd'hui une seule des manifestations de l'Etat pour laquelle ne se pose la question de responsabilité et pour laquelle la solution affirmative ne s'impose avec une nécessité chaque fois plus pressante ». Et encore (2) : « Il est probable que vont bientôt disparaître les deux restrictions que l'on apporte encore à la responsabilité générale de l'Etat en matière administrative. D'après une jurisprudence jusqu'à présent constante, l'Etat est déclaré irresponsable à l'occasion des faits de la guerre et des actes diplomatiques. Cette irresponsabilité ne peut point s'expliquer par une prétendue souveraineté. Si elle existait, l'Etat l'exercerait aussi bien dans le service de la sécurité interne que dans celui de la sécurité externe ».

(1) Duguit, *Transformations du droit public*, p. 227.
(2) *Loc. cit.*, p. 267.

CHAPITRE III

L'INDEMNISATION EMPIRIQUE

Sans droit, l'infirme est indemnisé, cependant.

Que la guerre soit un acte de force majeure ou un acte de gouvernement, le résultat pratique est le même : « il ne saurait y avoir à ce sujet aucun doute : notre législation actuelle n'ouvre aux victimes de la guerre aucun droit à réparation » (1).

Mais alors comment se fait-il que, sans droit, les militaires rendus infirmes par la guerre aient toujours bénéficié, en fait, de certaines réparations et à quel mobile obéissent donc les divers gouvernements lorsqu'ils accordent ces réparations ?

(1) DESPLAS, *loc. cit.*, p. 1178, 2e colonne.

I. — *L'intérêt gouvernemental.*

Il est permis de supposer que souvent la réparation a dû être liée à une considération dominante qui a été une considération d'intérêt gouvernemental ; il s'agissait de ne pas semer parmi les anciens soldats un mécontentement qui eût pu avoir sa répercussion sur les soldats de l'avenir, entraîner ceux-ci à faire la guerre avec moins d'ardeur, entraver le recrutement et engendrer de redoutables conséquences quant à la puissance militaire du pays. On trouve cette considération nettement exprimée dans les édits de Henri IV et de Louis XIV.

Henri IV déclare qu'il secourra « les pauvres gentilshommes capitaines et soldats qui ont porté les armes pour notre service et des rois nos prédécesseurs... et aussi pour donner plus grande occasion aux autres gentilshommes capitaines et soldats de nous faire le service qu'ils nous doivent et hasarder leur vie plus hardiment que lesdits estropiés vieux et caducs sur l'assurance qu'ils auront, en cas qu'ils seront blessés ou estropiés à notre service et de nos successeurs, à l'avenir d'avoir une certaine retraite pour être logés, nourris et entretenus le reste de leur vie » (1).

(1) Voir Comte de Riencourt, *Les militaires blessés et invalides*, J. Dumaine, 1875, p. 67 et 68.

Louis XIV s'exprime ainsi dans l'édit de fondation des Invalides : « Considérant que rien n'est plus capable de détourner ceux qui auraient la volonté de porter les armes, d'embrasser cette profession que de voir la méchante condition où se trouveraient réduits la plupart de ceux qui, s'y étant engagés et n'ayant point de bien, y auraient vieilli ou été estropiés si l'on n'avait pris soin de leur subsistance et entretien... »

On trouve cette même préoccupation d'intérêt gouvernemental dans notre législation moderne : lorsque l'État fait entrer en compte le temps de service pour la liquidation de certaines pensions d'infirmités, lorsqu'il majore les soldes et par contre-coup la pension de certaines catégories de militaires, c'est qu'il cherche par ces avantages à maintenir les hommes au service et à se constituer des cadres qui sont d'autant plus nécessaires que l'obligation militaire est de plus courte durée ; lorsque l'État liquide les pensions des gendarmes sur un taux plus élevé que le taux normal, c'est qu'il tient à faciliter le recrutement de la gendarmerie.

II. — *L'assistance.*

On doit constater que si la considération d'intérêt gouvernemental a pu être dominante à certaines époques et dans certains esprits, on trouve constamment, à la base des textes allouant des pensions ou des secours, un sentiment de commisération à l'égard des mutilés de la guerre. Henri IV parle des « pauvres gentilshommes capitaines et soldats qui ont reçu de grandes blessures » et Louis XIV « des pauvres officiers et soldats ayant été estropiés ». Mais, alors que prédomine d'abord dans cette commisération un sentiment purement bienveillant et charitable, apparaît ensuite un sentiment de justice qui est la première manifestation confuse du droit du blessé à la réparation.

a) *Charité.* — C'est au nom de la Charité chrétienne qu'Henri IV fonde la maison du faubourg Saint-Marceau à l'usage des militaires infirmes : « Comme en toutes les œuvres qui sont recommandées de Dieu, il n'y en a point qui lui soit agréable comme la charité envers les pauvres », dit-il.

b) *Justice.* — C'est au nom de la justice que Louis XIV fonde l'Hôtel des Invalides.

« Nous avons estimé, dit-il, qu'il n'était pas moins digne de notre piété que de notre justice de tirer hors de la misère et de la mendicité les pauvres officiers et soldats de nos troupes ». Et, dans son testament, il dit : « Il est bien juste que les soldats qui, par les blessures qu'ils ont reçues à la guerre et par leur long service et leur âge, sont hors d'état de travailler et de gagner leur vie aient une subsistance assurée pour le reste de leurs jours ». De sorte que Solard, historiographe de l'Hôtel des Invalides, a pu écrire : « Ceux qui ont donné pour frontispice aux invalides la Charité présentant à Louis XIV des officiers et des soldats estropiés à son service et lui inspirant de fonder pour eux une retraite, ceux-là se sont trompés ; en place de la Charité il fallait mettre la Justice ; la Justice seule inspirait alors le Grand Roi ».

On retrouve cette idée de justice dans le règlement du 25 mars 1776 qui fixe les conditions d'obtention des pensions militaires et fait de ces pensions des « récompenses » pour ceux qui se sont « dévoués dans les troupes royales au service de la patrie » ; dans le très éphémère décret du 27 février 1793 qui reconnait le droit des blessés à une réparation intégrale. On la retrouve encore à propos des débats de la loi du 6 septembre 1871 sur les dommages de guerre dans le fait que le mot « dédommagement » fut substitué au terme « secours », lequel parut impliquer un sentiment un peu humiliant de condescendance charitable.

c) *Equité.* — Mais aujourd'hui, sous la suggestion de l'irresponsabilité gouvernementale, l'idée se transforme et ce n'est plus de justice qu'il est question mais d'équité. Il y a là une évolution paradoxale, une manifestation curieuse d'une vieille survivance d'absolutisme qui est menacé par le régime démocratique et ne veut pas mourir. Le mot de justice évoque en effet une idée de droit, et si Louis XIV parle de justice quand il répare les infirmités causées par la guerre, c'est qu'il reconnaît implicitement aux invalides un droit à cette réparation ; mais Louis XIV en parle à son aise parce que l'Etat c'est lui et que, son absolue souveraineté n'étant pas contestée, il ne risque pas de voir se retourner contre l'Etat le principe qu'il a posé.

La Convention, éprise de justice avant tout, n'hésite pas à aller jusqu'au bout de la justice et décrète la réparation intégrale. Mais nos gouvernements modernes qui, d'une part, sont peut-être moins foncièrement épris de justice que le gouvernement de notre Révolution et qui, d'autre part, n'ont, en fait d'autorité, que ce qu'on a bien voulu leur en laisser, porteraient une grave atteinte au dernier vestige de souveraineté qu'ils conservent s'ils commettaient l'imprudence de poser la réparation des dommages de guerre sur des principes de justice, évocateurs de droits pour les blessés et de responsabilité pour l'Etat, et ils troquent l'idée impérative de justice contre l'idée gracieuse d'équité. Cette idée d'équité est sans danger ; elle se base sur des considérations de haute humanité, métajuridiques, philosophiques et dont le caractère toujours un peu facultatif ne saurait ouvrir la voie à des revendications considérées comme inquiétantes. M. Romieu, en effet, veut bien reconnaître au pouvoir législatif la faculté d'accorder « pour des raisons d'équité et d'humanité » des dédommagements aux victimes des faits de la guerre (1).

Quoi qu'il en soit, que l'assistance intervienne au nom de la charité, ou de la justice, ou de l'esprit d'humanité (2), il est incontestable qu'elle intervient largement ; jusque et y

(1) Romieu. Rapport sur le projet de loi tendant à modifier la législation des pensions des armées de terre et de mer. Chambre des députés, annexe n° 1420.

(2) Bazin, *Le risque professionnel dans le service militaire*, Larose et Tenin, 1907, p. 129.

compris dans notre législation actuelle, la pension apparaît, en effet, constamment comme un concours à d'anciens militaires devenus incapables de pourvoir à leur subsistance. Henri IV, fondant la maison Royale de la Charité chrétienne, indique que cette maison est faite pour « ceux qui avaient des métiers, ne les peuvent exercer ni gagner leur vie étant par ce moyen réduits en grande nécessité et pauvreté, honteux de mendier et vaguer par les rues » ; de même, quand Louis XIV crée l'Hôtel des Invalides, il indique que cette maison a pour but « de tirer de la misère et de la mendicité les pauvres officiers et soldats... hors d'état de rien faire pour pouvoir vivre et subsister ». L'Assemblée nationale constituante établissant le droit pour les militaires estropiés d'entrer à l'Hôtel des Invalides ou de recevoir une pension, à leur gré, spécifie que ces dispositions ne sont applicables qu'aux militaires qui « n'auraient aucun moyen de subsister ». Enfin, la loi actuellement en vigueur de 1831, par son art. 14, indique que les moins graves des infirmités qui peuvent donner lieu à pension doivent, entre autres conditions, mettre le militaire « hors d'état de pourvoir à sa subsistance ». Et, quoique la portée d'une telle clause ait été récemment contestée par la Commission Consultative Médicale qui siège auprès du ministre de la Guerre et donne son avis sur les demandes de pensions (1), il n'en demeure pas moins que cette clause est impérieuse et que

(1) Voir à cet égard la circul. 405 CCM du 29 juin 1916, par laquelle la Commission Consultative estime qu'il n'y a pas lieu de rechercher si l'impossibilité de pourvoir à sa subsistance existe.

le Conseil d'Etat ne manque jamais de s'y conformer (1).

De sorte que, ainsi que le remarque M. Fuster (2), la loi de 1831 se trouve mettre à l'attribution des pensions la même condition que la loi du 14 juillet 1905 met à l'attribution des secours aux vieillards, infirmes et incurables.

Dans le même esprit, le service des gratifications de réforme était autrefois rattaché au service des secours du ministère de la Guerre (3). On retrouve encore l'idée d'assistance dans le fait que les militaires mis en réforme n° 2 en cours de maladie sont transmis au préfet de leur département qui les passe en charge à l'assistance médicale (4) ; et encore dans le fait que les militaires devenus aveugles ou amputés au service, sans que cette cécité ou amputation soit attribuable à un fait de service reçoivent un secours viager (5) ; et enfin dans le fait tout nouveau que les réformés n° 2, c'est-à-dire ceux dont l'affection n'est pas im-

(1) Cons. d'Etat fin., 1er fév. 1881 ; cont. 20 juillet 1894 et 6 avril 1895 ; et encore, par interprétation, l'arrêt du Conseil d'Etat cité par la circ. mensuelle de juin 1917 adressée aux centres spéciaux de réforme.

(2) Fuster. Rapport sur le projet de loi tendant à modifier la législation des armées de terre et de mer; Chambre des députés, annexe n° 1420 au procès-verbal de la séance du 2 novembre 1915, p. 72.

(3) Voir l'Instruction du Ministre de la Guerre en date du 27 août 1886.

(4) Réponse du Ministre, *J. Off.*, 22 juillet 1915, p. 5947.

(5) Inst. min. de la Guerre, 27 août 1886.

putable au service, pourront recevoir désormais des allocations (1).

L'actuel projet de loi sur les pensions militaires n'abandonne pas l'idée d'assistance ; il établit par les majorations pour enfants un système d'assistance aux familles nombreuses ; et il n'attribue d'allocation aux ascendants que s'ils n'ont pas de ressources suffisantes, étaient à la charge du militaire décédé et s'ils sont infirmes ou âgés de soixante ans.

Comme dit M. Fustor (2) : « Il s'agit de remettre les individus que le risque militaire a privés de ressources dans un état de moindre gêne ».

III. — *La Rémunération.*

M. Fuster commet une erreur (3) en confondant la récompense et la rémunération ; dans les deux cas il y a service rendu ; mais dans le premier cas il y a allocation facultative et dans le second obligation de payer.

(1) Loi du 9 déc. 1916 qui est une loi d'assistance : il s'agit d'accorder à ces « hommes qui ne font plus partie de l'armée l'assistance de l'Etat », comme dit l'exposé des motifs du décret du 2 janvier 1917.

(2) Fuster, *loc. cit.*, p. 70.

(3) Fuster, *loc. cit.*, p. 81.

Cette obligation de payer implique l'idée de contrat ; et par conséquent la théorie de la rémunération ne serait guère applicable qu'aux armées de métier, aux armées mercenaires ou, de nos jours, soit aux officiers de carrière, soit aux sous-officiers ou soldats rengagés, soit encore aux engagés spéciaux qui consentent à servir moyennant des conditions préalablement déterminées.

D'ailleurs il y a lieu de remarquer qu'on rémunère des services et non des blessures ; par conséquent, c'est sous l'idée de rémunération que la pension pour infirmités prend véritablement le caractère d'une pension d'ancienneté par anticipation. La rémunération des services devait, suivant l'accord contractuel, consister en primes, mises d'équipement, solde, indemnités, etc... et, au bout d'un certain nombre d'années, en retraite ; mais une infirmité contractée au service est venue rompre cette perspective de retraite qui n'était pas le moindre attrait de la carrière ; tout ou partie de cette retraite est donc servi par anticipation sous forme de retraite pour infirmités.

A cet égard, M. Masse dit fort justement : « La loi de 1831 repose donc sur l'idée du contrat passé par l'Etat avec le militaire. En ce qui concerne ce dernier, son droit essentiel est de servir tant qu'il le peut selon son âge et son état physique et de recevoir une retraite s'il est réformé, soit par ancienneté soit pour raisons imputables au service... En résumé, dans la loi de 1831 et les lois subséquentes, la pension de l'infirme et celle de la veuve sont traitées comme une sorte de dédit forfaitaire entraîné par la rupture anticipée du contrat d'engagement dans des conditions imputables au service » (1).

Ainsi M. Dousset (2) indique que la loi de 1831 « apparaît avec le caractère de loi rémunératrice des services que le militaire professionnel a rendus ou aurait pu rendre s'il n'en avait été empêché par suite d'un fait imputable au service et indépendant de sa volonté ».

Mais le fait de consentir à certaines catégories de militaires des avantages déterminés devait fatalement entraîner à concéder tout ou partie de ces avantages aux autres catégories ; et c'est ainsi que la loi de 1831, faite pour une armée de métier et qui en vertu d'un véritable accord contractuel rémunérait les années de service et les campagnes, a survécu aux armées de métier et continue de s'appliquer, soit en vertu du contrat aux cadres professionnels, soit en dehors de tout contrat aux incorporés.

La théorie de la rémunération qui peut se justifier seulement sur la base d'un accord contractuel est donc incapable de rendre compte de l'indemnisation consentie aux militaires incorporés.

IV. — *La Récompense.*

L'idée de récompense a été fréquemment invoquée pour motiver les allocations aux militaires infirmes. On la trouve

(1) Masse, *loc. cit.*, p. 28 et 29.
(2) Dousset, *loc. cit.*, p. 76.

notamment dans un règlement du 25 mars 1776, titre VIII, qui fixe des conditions très rigoureuses pour l'obtention des pensions : « Tout homme qui s'étant dévoué dans les troupes royales au service de la patrie, qui quitte le service quand il peut encore être utile, n'a rien à prétendre de l'État dont il a été payé en considérations et en appointements. Les récompenses militaires ne sont dues qu'à ceux qui éprouvent l'obstacle invincible qu'opposent à une volonté soutenue l'âge, l'épuisement des forces et les infirmités. A l'avenir, aucune retraite ne sera accordée aux officiers et soldats qui quitteront le service à moins qu'il n'ait été constaté dans les formes les plus rigoureuses qu'ils sont dans l'impossibilité de le continuer ».

On trouve encore cette idée de récompense exprimée dans le rapport qui précéda le vote par l'Assemblée constituante de la loi des 3-22 août 1790 sur les pensions. Il y est question de « grâces pécuniaires », de « récompenses pécuniaires » données par l'État en reconnaissance des services rendus au corps social, cette récompense n'étant d'ailleurs accordée qu'au cas où l'intéressé aurait besoin de soutien (1), et ainsi à l'idée de récompense venait se mêler cette idée d'assistance si tenace et si fondamentale en matière de pensions militaires.

L'idée de récompense se trouve encore, mais de façon entièrement explicite et à l'état de pureté, à la base des lois spéciales dites de *récompenses nationales*, qui confèrent des

(1) Voir *supra*, chapitre Ier, p. 13.

pensions, de taux variables suivant les circonstances, aux militaires, ou à leurs veuves, ou à leurs orphelins lorsque les conditions normales du droit à pension ne sont pas remplies mais qu'il s'agit de récompenser des services militaires éminents ou extraordinaires (1).

On s'accorde en outre à penser que la loi de 1831 est une loi de récompenses nationales (2) ; le droit du blessé est fondé, dit M. Fuster (3), sur une « dette de reconnaissance contractée par la nation envers ses défenseurs ».

Il est incontestable que l'idée de récompense a inspiré certaines dispositions de la loi de 1831 ; ainsi, puisque cette loi met comme condition essentielle à l'attribution d'une pension l'impossibilité de pourvoir à sa subsistance, on s'attendrait à ce qu'à grade égal tous les retraités pour infirmités aient la même pension puisqu'il ne peut y avoir de degrés dans l'impossibilité de pourvoir à sa subsistance ; cependant quatre taux de pension sont établis (4) ; on peut donc supposer que le taux minimum représente la retraite par anticipation donnée suivant le principe de la rémunération, la différence entre le taux minimum et les autres taux étant allouée à titre de récompense.

Ainsi encore, le fait que la veuve dont le mari est mort sur le champ de bataille reçoive une pension d'un taux exceptionnel constitue bien une récompense dans la propor-

(1) Loi du 11 avril 1831, art. 23.
(2) Projet de loi 1915, exposé des motifs, p. 3.
(3) FUSTER, *loc. cit.*, p. 68.
(4) 1re et 2e classes ; 3e et 4e classes ; 5e classe ; 6e classe.

tion tout au moins qui différencie le taux exceptionnel du taux ordinaire.

Le fait également que la loi de 1831 ne vient en aide aux ayants cause, ni suivant l'ordre successoral, ni suivant l'ordre alimentaire donne aux allocations consenties un caractère arbitraire qui est la négation totale d'un droit subjectif quelconque et que permet seule une concession purement gracieuse. Telle est, en effet, la nature de la récompense ; elle est purement gracieuse ; dépend de la bonne volonté du Gouvernement, de son appréciation, de ses disponibilités ; fondée, comme dit M. Fuster, sur la reconnaissance de la nation, elle est exposée à toutes les ingratitudes (1).

En raison même de ce caractère gracieux et incertain, la récompense ne saurait donc servir à fonder le droit de l'infirme à réparation.

Cependant, l'idée de récompense prend un tour plus obligatoire, partant plus satisfaisant au point de vue juridique, sous la conception de M. Ch. Maurras (2), qui, en s'efforçant de créer la *Caisse des primes militaires*, cherche à intéresser les soldats retour du front aux avantages que la France aura tirés de leurs efforts. Il désire que le combattant trouve un intérêt matériel dans la guerre et invoque la loi du 15 mars 1916 suivant laquelle le produit net des

(1) Voir Riencourt, *loc. cit.*, au sujet de l'ingratitude de la nation quant aux blessés de guerre.

(2) Ch. Maurras, *La part du combattant*, Nouvelle librairie nationale, Paris, 1917.

prises maritimes est attribué à un fond spécial géré par l'établissement des invalides de la marine et destiné à secourir les marins et les familles des marins victimes de la guerre. Il rappelle les terres distribuées aux légions et estime que, l'armée de métier ayant sa paie, l'armée nationale doit avoir ses profits.

Il s'agirait en somme, sous couleur de récompense, d'assurer aux soldats une participation aux bénéfices de la guerre. Incontestablement nous entrons ainsi en plein domaine du droit, à la condition cependant que la mesure de la participation aux bénéfices soit établie sur des bases juridiques et non laissée à l'arbitraire gouvernemental. Mais une très grave objection surgit : s'il n'y a pas de bénéfices, si la victoire fait défaut, faudra-t-il que les soldats participent aux pertes et par suite que les infirmes gardent à leur compte le poids de leurs infirmités?

D'autre part, à un point de vue plus élevé, comment mesurer les bénéfices d'une guerre? La guerre moderne, la seule que ne répudie pas le jugement des peuples civilisés, doit être non point une guerre de conquêtes ou de butin mais une guerre de défense contre ceux, précisément, qui auraient gardé de la guerre une conception primitive et tenteraient de se jeter sur les peuples paisibles pour s'enrichir de leurs dépouilles. Or, si l'on ne se bat plus pour s'enrichir de dépouilles, comment évaluer et répartir des bénéfices qui peuvent être strictement moraux? Il faut qu'une nation sache se battre pour grandir son patrimoine moral, dût même son patrimoine matériel en être diminué ;

ce serait ravaler la conscience des hommes que de remplacer au cœur des soldats le sentiment abstrait du devoir par de grossiers appétits ; ce serait pousser les peuples à satisfaire par la violence plutôt que par le travail leur goût des richesses ; ce serait enfin pousser les gouvernements, pour flatter des instincts barbares imprudemment réveillés, à entreprendre non plus seulement des guerres de justice mais de pillages et de conquêtes.

Nous ne pouvons donc sortir de ce dilemme : si la récompense est à la base de la réparation, ou bien la récompense sera gracieuse et c'est la négation du droit de l'individu à réparation ; ou bien la récompense aura le caractère obligatoire d'une participation aux bénéfices et la nécessité des conquêtes ne pourra s'imposer que par la négation du droit des peuples.

CHAPITRE IV

LA TENDANCE MODERNE

Recherche d'un droit de l'infirme à indemnisation.

Un certain nombre d'auteurs se sont préoccupés d'établir en faveur du militaire infirme un droit à indemnisation. Aucun, pensons-nous, n'est parvenu à fonder ce droit sur des bases acceptables et l'examen des théories émises nous paraît le prouver surabondamment.

Trois théories sont à retenir : celle du risque ; celle de la solidarité et celle de l'égalité des charges. On peut croire qu'elles sont insuffisantes dans l'esprit même de leurs auteurs puisque, ainsi qu'il sera ultérieurement montré, ceux qui ont invoqué le risque croient devoir renforcer leur opinion en invoquant subsidiairement la solidarité ; ceux qui ont invoqué la solidarité en invoquant au surplus des sentiments accessoires de pitié ou de justice ; ceux qui ont invoqué l'égalité des charges en présentant cette théorie comme une application de la solidarité.

I. — *Le risque.*

Cette théorie trouve son origine dans le domaine des accidents du travail. M. Saleilles en est l'auteur (1).

« Tandis que, d'après une jurisprudence fermement établie, l'ouvrier victime d'un accident ne pouvait, conformément au principe général de l'art. 1382 du Code civil, obtenir des dommages-intérêts que s'il établissait la faute du patron et la relation entre la faute et le préjudice, la loi du 9 avril 1898 confère à l'ouvrier victime, dans un des établissements industriels qu'elle énumère, d'un accident par le fait du travail ou à l'occasion du travail le droit à une indemnité ; l'accident vaut titre ; il n'y a pas à rechercher s'il procède d'une faute ou d'un cas fortuit ou de force majeure. Cette théorie nouvelle est basée sur le risque professionnel (2). »

Voici comment M. Saleilles justifie sa théorie : « C'est parce que le chef de l'exploitation profite des bonnes chances que la loi met à sa charge les mauvaises chances,

(1) SALEILLES, *Les accidents du travail.*

(2) Note de l'avocat général Sarrut, sous Cass., 21 janvier 1903, D. P. 1903, 1, 105.

les risques de l'industrie, de la profession. Le risque professionnel, tel est le fondement de l'obligation qui pèse sur l'industriel, sur l'entrepreneur : l'individu qui groupe autour de lui d'autres activités, qui s'entoure d'ouvriers et de machines crée un organisme dont le fonctionnement ne va pas sans frottements et peut causer des dommages, abstraction faite de toute faute à la charge de celui qui le dirige : ces dommages, ces accidents inévitables qui constituent des dangers inhérents à l'entreprise, qui n'ont d'autre cause que le développement dans une direction licite de l'activité humaine constituent précisément, dans leur ensemble, le risque professionnel ; et qui donc supporterait ce risque sinon celui dans l'intérêt duquel fonctionne l'organisme qu'il a créé ? (1) »

Et M. Sachet déclare (2) : « La théorie du risque professionnel repose sur cette idée que, dans une exploitation, les deux facteurs qui concourent à la fabrication des produits, le facteur humain ou personnel ouvrier et le facteur machine ou matériel, doivent être assimilés, au point de vue de la réparation des accidents qui blessent les personnes ou détériorent les choses ; le coût en incombe au patron à titre de frais généraux de l'entreprise ».

C'est en vertu de cette théorie du risque que la loi de 1898 indemniserait pour les accidents survenus du fait ou à l'occasion du travail.

(1) SALEILLES cité par Sachet, *Traité théorique et pratique de la législation sur les accidents du travail*, 4e édit., Larose et Tenin, 1906.
(2) SACHET, *loc. cit.*, I, p. 95.

Est survenu par le fait du travail tout accident causé par l'outillage ou par les forces qui l'actionnent et arrivé sur les lieux et pendant le temps où l'ouvrier était soumis à la direction du chef d'entreprise (1). Il y a alors entre le travail et l'accident un rapport direct de causalité ; et l'on doit considérer le fait du travail comme synonyme de *risque créé* par le travail (2).

Au contraire, est survenu à l'occasion du travail tout accident dont la cause, tout en étant inhérente au travail parce qu'il s'est produit sur les lieux et dans le temps où l'ouvrier était soumis à la direction du chef d'entreprise, n'est pas dans l'outillage ni dans les forces qui l'actionnent. Tel est le cas d'une ouvrière blessée à l'œil par un projectile lancé par une voisine de travail à une autre de ses camarades dans l'atelier commun (3) ; ou encore le cas d'un ouvrier blessé par suite du défaut d'éclairage du chantier (4).

Il y a alors entre le travail et l'accident un rapport occasionnel de causalité et l'on doit considérer le terme « à l'occasion du travail » comme synonyme de *risque aggravé ;* si, en effet, tout le monde court le risque de recevoir un projectile ou de tomber, il y a aggravation du risque à se trouver en atelier avec des ouvrières plus ou moins turbulentes ou maladroites ou à se trouver dans un chantier

(1) Civ. Cass., 17 février 1902, D. P. 1902, 1, 273.
(2) SACHET, *loc. cit.*, I, p. 165.
(3) Civ. Cass., 23 avril 1902 et 4 août 1903.
(4) Civ. r., 23 avril 1902, D. P. 1902, 1, 273.

plus ou moins mal éclairé et plus ou moins encombré (1).

Donc l'indemnisation serait accordée à l'ouvrier au nom du risque professionnel que court le patron. Mais il convient de remarquer aussitôt que l'expression est impropre ; on entend par risque professionnel, en bon français, « la conséquence nécessaire, inévitable du genre de travail, la cause de danger permanente, indépendante des mesures de sécurité qui peuvent être prises », comme dit M. l'avocat général Sarrut (2) ; et « on a détourné ces termes de leur acception ordinaire » en les employant à désigner le risque que court le patron d'avoir à réparer les accidents survenus à son personnel. Il y a là plus qu'une défectuosité de terminologie, une défectuosité d'idée ; si l'on admet, en effet, que le risque professionnel entraîne le patron à réparer tous les accidents qui surviennent, dès qu'il y a un accident c'est une obligation pour le patron de payer et par conséquent, ce n'est pas un risque mais une charge. On aurait dû dire *charge patronale* de même qu'il y a pour le patron une charge et non un risque à réparer ses machines et à pourvoir à tous les frais généraux de l'entreprise.

D'ailleurs, quel risque court le patron ? Que l'ouvrier soit blessé ? Mais en quoi cela engage-t-il la responsabilité du patron si celui-ci n'a rien à se reprocher ? Il ne peut y avoir risque du patron que s'il y a préalablement un droit de l'ouvrier à obtenir réparation ; mais si l'ouvrier est sans droit le patron ne court pas de risque.

(1) Sachet, *loc. cit.*, I, p. 166.

(2) Sarrut, note sous Cass., 21 janv. 1903. D. P. 1903, I, 105.

Par conséquent, le risque ne peut pas être le fondement d'un droit ; il faut qu'il y ait un droit pour qu'il y ait un risque ; s'il n'y a pas de droit il n'y a pas de risque. Les auteurs de cette théorie du risque semblent donc avoir raisonné à rebours ; ils ont posé le principe du risque patronal et en ont déduit un droit ouvrier alors qu'il convenait d'établir un droit ouvrier duquel aurait découlé le risque patronal. Le risque patronal ne peut être autre chose que l'envers d'un droit ouvrier.

Aussi bien, le risque ainsi compris par M. Saleilles est-il maintenant défini d'une toute autre façon par les auteurs classiques (1). On en est arrivé à la définition de bon français suivant laquelle le risque est celui que court l'ouvrier d'être blessé dans son travail.

C'est de ce risque que l'ouvrier doit être couvert par son patron. Mais alors, la théorie n'a plus aucune signification ; que l'ouvrier coure un risque en travaillant c'est un fait indéniable et patent ; tellement indéniable et patent qu'avant d'entrer dans l'atelier, l'ouvrier savait bien qu'il allait y courir un risque d'être blessé et puisqu'il est entré néanmoins dans l'atelier c'est donc qu'il a accepté d'être soumis à ce risque inhérent au travail, et on ne voit pas du tout comment de la seule constatation de l'existence du risque il surgirait une obligation pour le patron d'en assumer les responsabilités, à moins qu'il n'y ait dans la pro-

(1) Voir PIC, *Législation industrielle* ; CAPITANT, *Législation industrielle*, etc.

duction de tel ou tel accident un fait du patron ou des choses dont ce patron est gardien ou propriétaire.

En tout état de cause, l'extension de la responsabilité patronale à tous les accidents sans exception, survenus dans les conditions prescrites par la loi de 1898 ne peut donc être justifiée ni par la théorie du risque que courrait le patron d'avoir à payer, ni par celle du risque que court l'ouvrier d'être blessé.

Et il semble qu'au fond tous les auteurs qui ont écrit sur la question aient été dominés par ce principe plus politique que juridique à savoir, comme l'ont autrefois soutenu MM. Sauzet (1) et Sainctelette (2), « que le patron serait vis-à-vis de l'ouvrier un débiteur de salaire et de sécurité ». Par le contrat de travail le patron assurerait à l'ouvrier, non seulement le salaire mais aussi la sécurité, de sorte que le patron aurait pris l'engagement implicite de rendre l'ouvrier valide à la sortie du travail.

∴

Inévitablement la théorie du risque devait avoir une répercussion quant à la réparation des accidents militaires. Même M. Louis Perrier (3) estime que, par la législation

(1) SAUZET, « Responsabilité des patrons », *Revue critique*, 1883, p. 596 et 608.

(2) SAINCTELETTE, *Responsabilité et garantie*, Bruxelles, 1884.

(3) LOUIS PERRIER, « Le risque professionnel dans les fonctions et emplois publics », *Revue politique et parlementaire*, 10 avril 1906.

des pensions militaires, « l'Etat est le premier qui a appliqué l'idée du risque professionnel sans que le terme soit prononcé » ; et M. Dousset répète (1) : « La loi de 1831 n'en a pas moins, en fait, sinon introduit le mot, du moins mis en œuvre, la première, les principes absolument nouveaux pour cette époque du risque professionnel ».

Rien ne nous paraît permettre de produire une telle affirmation et il nous semble au contraire que ce sont, notamment, MM. Louis Perrier et Dousset qui les premiers ont voulu rattacher la législation des pensions militaires à l'idée de risque. Dans l'esprit, en effet, des théoriciens du risque quel est l'intérêt pratique de cette idée ? C'est d'amener à la réparation de tous les accidents quels qu'ils soient, survenus du fait ou à l'occasion de l'emploi occupé; ainsi la réparation suivant le risque se différencierait de la réparation suivant la responsabilité quasi délictuelle qui connaît seulement les accidents survenus « du fait » et non ceux survenus « à l'occasion ». Or, il est indéniable que la loi de 1831 ne reconnaît que le fait du service et à la condition qu'il soit très nettement établi ; elle ne consent pas à payer pour toutes sortes de dommages qui pourraient survenir à l'occasion du service.

Et lorsqu'elle indemnise, ce n'est pas qu'elle croie l'Etat tenu de payer au nom d'un risque que cet Etat aurait bénévolement couru et dont les conséquences lui seraient fatalement imputables, mais parce qu'elle juge qu'il est oppor-

(1) DOUSSET, *loc. cit.*, p. 139.

tun de payer soit au nom de l'intérêt gouvernemental, soit au nom de l'assistance, ou de la récompense, ou de la rémunération. Est intervenue cependant la législation industrielle qui a fondé la réparation sur l'idée de risque, ainsi qu'il résulte des travaux préparatoires de la loi de 1898, et aussitôt on s'est efforcé d'appliquer cette idée au droit public.

Ainsi, M. Duguit (1) déclare que dans certains cas la responsabilité de l'Etat « a pour cause la nécessité de réparer avec les fonds de la caisse collective le préjudice particulier subi par un individu dans l'intérêt collectif. Elle est alors fondée uniquement sur le risque ; la caisse publique est une caisse d'assurance mutuelle des individus contre les dommages à eux occasionnés dans l'intérêt public ». Et, faisant application de ce système à la réparation des infirmités militaires, M. Louis Perrier écrit : « L'Etat qui commande, l'Etat qui se défend, l'Etat qui se développe et qui prospère n'est qu'un entrepreneur du bien public... Il lui faut payer ce qu'il dépense en hommes comme en biens, en santé comme en richesses. Dans l'intérêt même de ses marchés, il doit rémunérer le travail qu'il demande, de son loyer normal, et dans lequel entre l'assurance du risque professionnel ». Et M. Dousset (2) : « Que nous considérions le risque administratif spécial auquel sont exposés les militaires soumis obligatoirement au service militaire et le

(1) Duguit, *Le droit social et le droit individuel*, p. 101.
(2) Dousset, *loc. cit.*, p. 161.

risque professionnel public auquel sont exposés les militaires liés volontairement au service, nous voyons qu'il s'agit de risques qui sont les mêmes pour tous et qui doivent être couverts de la même façon, en remarquant seulement qu'à l'idée d'assurance mutuelle qui concerne les premiers doit se joindre pour les seconds l'idée de rémunération pour les services professionnels rendus à l'Etat ».

La conséquence inévitable de l'application de l'idée de risque au domaine militaire est de pousser l'Etat à réparer non seulement pour les dommages survenus du fait du service mais encore pour ceux survenus à l'occasion du service. C'est ainsi que la jurisprudence administrative a admis, sous la poussée de la loi de 1898, que les accidents survenus à la chambrée ou dans les cantonnements, même en dehors de tout fait de service, donnent droit à indemnisation ; également, l'application actuelle de la législation militaire par les Commissions de réforme et aussi par la Commission consultative médicale du Ministère de la Guerre tend à conclure à l'indemnisation pour la plupart des infirmités, même lorsqu'elles ne sont causées ni aggravées par des faits de service précis et simplement en vertu d'une présomption d'aggravation par présomption de fatigues exceptionnelles. Ainsi, en juin 1917, la Commission consultative donnait ordre à tous les experts militaires du territoire de considérer comme aggravée au service une tuberculose antérieure à la condition que le soldat ait été pendant deux mois au front des armées. Egalement encore, l'indemnisation des blessures et infirmités qui ne commençait autrefois que pour une incapacité de travail de 30 0/0, commence aujourd'hui à 10 0/0 d'incapacité ; et enfin les réformés n° 2 eux-mêmes, c'est-à-dire ceux à qui l'origine militaire des blessures et infirmités est expressément refusée peuvent toucher des allocations dont le taux correspond à des gratifications de réforme de catégories relativement élevées.

Ainsi l'Etat se trouve entraîné à indemniser pour tous les dommages survenus du fait ou à l'occasion du service, exactement comme un industriel ; car on en est venu à considérer que le service militaire expose la société à des risques, que la guerre est elle-même un risque social. M. Louis Perrier estime l'Etat comme tenu pour le risque résultant du service commandé ainsi que pour le risque résultant du groupement des hommes à la caserne. Et M. Dousset (1), poussant jusqu'au bout les conséquences réparatives de l'idée de risque, estime « que toute diminution de validité survenue pendant la durée du service militaire est présumée provenir de ce service et doit être indemnisée sans qu'aucune autre preuve soit faite ». L'Etat indemniserait en vertu d'une « assurance contre le risque militaire » (2). En ce qui concerne plus particulièrement les infirmités consécutives à la guerre, M. Fuster pense (3) que « l'indemnité va constituer réparation, mais réparation d'un risque spécial, le risque de guerre ».

(1) Dousset, *loc. cit.*, p. 163.
(2) Dousset, *loc. cit.*, p. 14.
(3) Fuster, *loc. cit.*, p. 77.

Voilà donc posée la théorie du service militaire et de la guerre risques sociaux et il convient de remarquer qu'il s'agit là de risques courus par l'État et non de risques courus par les individus appelés au service ou par ceux qui font la guerre. On considère que l'État doit supporter le risque de réparer les dommages survenus à ceux dont il emploie l'activité dans un intérêt de prospérité générale ; si bien que, sur le terrain militaire, la théorie du risque se trouve avoir ainsi conservé sa pureté première au contraire de ce qui s'est passé sur le terrain industriel. Toutefois, on voit apparaître la déformation de cette théorie dans le rapport de M. Fuster où le risque semble être considéré tout à la fois comme un risque de l'État et comme un risque de l'individu (1), et dans le rapport de M. Masse où le risque est nettement et exclusivement défini par celui que subissent les individus du fait de la guerre (2). Quoi qu'il en soit, il ne semble pas que la théorie de la guerre risque social puisse être prise comme base d'un droit du soldat blessé à indemnisation.

(1) M. Fuster (*loc. cit.*, p. 91) s'exprime ainsi : « Risque couru par ceux qui se sont consacrés à la défense nationale ou exposés au danger et qui méritent à ce titre une manifestation de reconnaissance ; risque imposé par le fait de la vie en société, non plus seulement aux défenseurs du pays mais à tous leurs dépendants et dont il est juste que le reste de la nation indemnise au moins partiellement les conséquences; risque subi par la nation elle-même que menacerait dans sa prospérité la déchéance de tous les blessés si elle négligeait de leur porter assistance ; la guerre est tout cela, c'est-à-dire un risque social ».

(2) MASSE, *loc. cit.*, p. 42.

La théorie du risque pouvait prendre une certaine allure de vérité appliquée à l'industrie, parce que le patron et l'ouvrier sont liés par un contrat et qu'on peut supposer qu'une des clauses de ce contrat est de rendre l'ouvrier valide à la sortie du travail ; et si l'on peut ainsi considérer que le patron est, vis-à-vis de l'ouvrier, non seulement un débiteur de salaire mais aussi un débiteur de sécurité, on ne peut vraiment prétendre que l'Etat, incorporant des soldats pour préparer ou faire la guerre, soit, vis-à-vis de ces soldats, un débiteur de sécurité. L'Etat ne doit rien à ces soldats ; il n'est lié vis-à-vis d'eux par aucun contrat ; et tout au contraire c'est le soldat qui est lié à l'Etat par une obligation. Dans ces conditions l'Etat ne garantit pas au soldat de le rendre valide à la sortie du service et voudrait-il le garantir qu'il ne le pourrait pas parce qu'il est de l'essence même de la guerre d'être dangereuse.

Il est vrai que l'Etat est amené à prendre en faveur des soldats des mesures de sécurité ; les casernes, les cantonnements doivent présenter certaines garanties d'hygiène ; certaines vaccinations sont obligatoires ; les officiers doivent visiter les fusils après les exercices de tir ; les hommes au combat doivent être munis de casques protecteurs, etc... Et l'Etat pourrait encourir une responsabilité si l'on avait négligé de prendre les précautions prescrites (1) ; mais on ne peut pas dire que ces mesures soient prises en vertu d'une dette de sécurité ni même qu'elles soient principalement

(1) Voir affaire Auxerre, *supra*, p. 47 ; et déclarations de M. Ghesquière à la Chambre, *supra*, p. 48.

prises dans l'intérêt des hommes ; elles procèdent plutôt d'une préoccupation d'ordre militaire qui est de maintenir les effectifs, d'éviter les pertes inutiles, les maladies épidémiques ; ce qui n'exclut pas d'ailleurs des considérations d'humanité.

En tous cas, ces mesures de sécurité, pour importantes qu'elles soient, ne s'appliquent vraiment qu'à des à-côtés de la guerre et apparaissent insignifiantes au regard des terribles dangers auxquels sont obligatoirement soumis les militaires ; et si l'on a dit que le travail industriel est une imprudence continue, on peut dire que le service militaire est un danger continu. Dans ces conditions, l'Etat n'est pas et ne peut pas être vis-à-vis du soldat un débiteur de sécurité ; il ne peut accepter de courir aucun risque quant à l'indemnisation des blessures et infirmités qui sont inévitablement liées à la guerre et, s'il accepte d'indemniser, il n'indemnise que sous certaines conditions des infirmités d'une certaine gravité et dans une certaine proportion arbitrairement fixée.

D'autre part, nous pouvons répéter ici ce que nous avons dit à propos de la théorie industrielle du risque : que le risque ne peut être le fondement d'un droit; pour que l'Etat coure un risque d'indemnisation du fait qu'il y a des soldats infirmes, il est nécessaire que ces soldats infirmes aient un droit à indemnisation, sinon l'Etat ne court pas de risque. Le risque de l'Etat ne peut être que la conséquence d'un droit du soldat, l'envers de ce droit.

Cette théorie du risque est d'ailleurs si notoirement insuffisante à justifier le droit du soldat infirme à indemnisation, que M. Dousset lui-même est obligé, pour étayer ce droit, de faire appel à la théorie de la solidarité; de sorte que pour cet auteur, en définitive, la réparation jouerait comme une assurance contre le risque et c'est au nom de la solidarité qu'interviendrait cette assurance. On ne voit plus très bien dès lors ce que vient faire la notion de risque à propos d'une réparation qui n'est plus donnée, au fond, qu'en vertu de la solidarité et tout cela manque de clarté.

II. — *La Solidarité.*

M. Desplas trouve le fondement du droit des blessés à réparation « dans l'instinct d'égalité, dans cet instinct profond et impérieux de l'âme française », suivant lequel il n'est pas possible que les victimes de la guerre soient seules à supporter toutes les calamités. Louis XIV, dans son ordonnance de 1670, disait déjà que ceux qui ont prodigué leur sang pour la défense de la monarchie devaient jouir du repos qu'ils ont assuré aux autres sujets. Partant de ce principe d'égalité, c'est à la doctrine de la solidarité que M. Desplas aboutit pour établir, en faveur des victimes de la guerre, un droit à réparation. M. Masse (1) paraît in-

(1) Masse, *loc. cit.*, p. 42.

cidemment se rallier à cette opinion. Cette conception n'est pas nouvelle; en 1871, à propos de la réparation des dommages de guerre, l'idée de solidarité était invoquée, et le député Michel disait à la tribune le 6 août : « Par solidarité nationale, vous voulez entendre le lien qui embrasse tous les membres d'une société pour les subordonner à l'action de l'Etat, de manière que tout découle de lui et que tout remonte à lui. Eh bien, cette solidarité ou cette collectivité solidaire n'offre que des périls et, pour ma part, je la répudie ».

Or, il est facile de montrer que la théorie de la solidarité, si elle peut, en effet, créer un devoir pour la société de réparer les dommages de guerre, est, par contre, absolument impuissante à justifier que les militaires infirmes aient un droit subjectif à réparation, car la solidarité nous fait tout simplement retomber dans le domaine de l'assistance.

« La solidarité, dit M. Berthélemy, est une notion positive, égoïste, utilitaire; c'est la constatation de l'interdépendance étroite des membres d'un même corps social. En vertu de cette constatation, il est de l'intérêt de tous de ne pas laisser sans secours des gens malheureux, impuissants à sortir par eux-mêmes de leur misère, surtout quand ces gens n'ont rien fait pour être malheureux et qu'ils sont victimes d'une calamité sociale. »

L'assistance basée sur le principe de la solidarité, dit encore M. Berthélemy, est « l'observation d'une obligation sociale, dont la prévoyance est la source et dont l'utilité générale est la fin » ? « C'est une forme intelligente de l'égoïsme », dit M. le comte d'Haussonville (1).

Et M. Desplas s'exprime ainsi :

« Lorsqu'un des éléments du corps social national, individu, cité, ou province, souffre dans un aspect quelconque de son organisme, l'intérêt de tous et de chacun exige que l'on remédie à sa souffrance ; en le faisant, on n'accomplit pas seulement un geste de générosité mais un acte d'égoïsme élevé et de sage prévoyance. A l'égard de l'individu, l'idée de secours disparait donc pour faire place à celle du devoir social et c'est le reflet de ce devoir qui va constituer précisément le droit que nous invoquerons en faveur des victimes de l'invasion et de la guerre ; à l'égard de l'Etat, les sacrifices qu'il impose à l'individu sont, pour ce dernier, moins des charges que des placements dont il ne manquera pas de recueillir les profits ».

Cette solidarité qui, par son souci de faire profiter à l'Etat les charges que celui-ci aura créées, rappelle la conception de Henri IV et de Louis XIV qui secouraient les soldats pour obtenir d'autres soldats ; cette solidarité pleine d'égoïsme et de sage prévoyance est la négation même du droit de la victime. Dans le même sens et dans les mêmes termes, M. Larnaude (2) écrit : « Ceci est purement et simplement la négation du droit individuel, du droit originaire de l'individu, du droit né en sa personne et qu'il ne tient que de lui-même. Et cette théorie du droit individuel qui est la

(1) *Revue des Deux Mondes*, 1900, E. C. C. XII, p. 773.
(2) LARNAUDE, *loc. cit.*, p. 189.

théorie française, la théorie des droits de l'homme, je ne veux pas l'abandonner même, surtout dirais-je, dans la question des dommages de guerre. Non seulement parce que nul droit ne me paraît plus justifié que celui de la victime des dommages de guerre, mais pour une raison plus haute encore; parce qu'abandonner le droit individuel, ne fût-ce que sur un point, c'est sacrifier la tradition française, c'est déserter la cause du droit telle que l'ont toujours conçue les peuples libres, c'est enfin préparer peut-être d'autres abdications plus importantes et plus graves ».

Comme dit M. Berthélemy : « J'ai toujours considéré comme dépourvue de toute base philosophique la théorie du droit au secours envisagé comme droit subjectif des indigents. J'ai le devoir moral d'assister mon voisin malheureux, mais il n'en résulte pas que mon voisin ait le droit d'être assisté par moi ou par tel autre de ses concitoyens » (1).

(1) Il est alors surprenant que M. Berthélemy (p. 19 et 20) fonde à son tour le droit à réparation des victimes de la guerre sur la solidarité puisque par ailleurs, il déclare cette solidarité incapable d'être le fondement d'un droit : « ... C'est dans un autre ordre d'idées que les revendications légitimes de ceux que la guerre atteint doivent trouver un point d'appui. Nous en chercherons la justification dans la notion de la solidarité qui nous conduit à unir contre le danger national le maximum d'efforts dont nous sommes capables. C'est la France entière qui, de toute sa puissance, lutte contre la nouvelle invasion de la barbarie..... Associés pour participer aux avantages du succès, nous devons l'être et nous voulons l'être aussi pour supporter les terribles épreuves qui en sont le prix et comme la rançon ».

C'est qu'il y a dans la société, pensons-nous, deux ordres de lois qui nous régissent : les lois de justice qui sont fondées sur le droit et les lois d'équité qui sont fondées sur la morale. Or le droit n'a pour raison d'être que la défense de l'individu ; la morale n'a pour raison d'être que la défense de la société ; et, chaque fois qu'une loi d'équité est posée, c'est dans un intérêt social qu'elle s'exerce en faveur de certains individus qui n'ont, en tant qu'individus, aucun droit subjectif aux avantages qu'elle leur concède. Et toutes les lois d'assistance, qu'il s'agisse de l'obligation alimentaire du Code civil ou de l'assistance publique des lois modernes, ont, au plus haut degré, le caractère de lois d'équité.

M. Desplas (1) pense justifier l'application aux dommages de guerre du principe de la solidarité en invoquant l'enrichissement sans cause : ceux qui n'ont point été touchés par la guerre s'enrichiraient sans cause s'ils ne dédommageaient pas ceux qui en ont pâti (2). Une première remarque s'impose : à savoir que la théorie de la solidarité ne se suffit donc pas à elle-même, s'il faut la renforcer, l'éclairer et la justifier en faisant appel à une théorie accessoire. D'autre part, dire que la non-indemnisation des victimes de la guerre constitue un enrichissement sans cause de ceux qui n'en ont pas été victimes et qui se dérobent à toute réparation, implique un droit préalable de la victime à toucher une indemnité. Si ce droit n'existe pas, on ne

(1) Desplas, *loc. cit.*, p. 1180.

(2) Comparer la loi sur les bénéfices de guerre qui procède d'une idée connexe.

peut s'enrichir sans cause en ne versant pas une indemnité qui n'est pas due. La théorie de l'enrichissement sans cause ne peut donc pas être le fondement d'un droit et ne peut venir au contraire qu'en corollaire d'un droit dont elle constituerait l'envers. Dire que la solidarité repose sur l'enrichissement sans cause n'est donc pas suffisant ; il faudrait dire en outre sur quoi repose cet enrichissement sans cause.

La théorie de la solidarité nous parait plutôt être à rapprocher de la théorie du risque collectif édifiée par M. Cabouat à propos des accidents du travail, et aux termes de laquelle les risques industriels doivent être supportés solidairement par la collectivité du personnel d'exploitation ; on voit que le risque collectif de M. Cabouat et le solidarisme de M. Léon Bourgeois comportent le même élément de responsabilité solidaire ; et, d'autre part, l'idée de risque qui est essentielle dans la théorie de M. Cabouat se retrouve aussi dans le solidarisme et avec une particulière similitude dans la proposition de loi déposée à la Chambre en 1905 par M. Mirman. M. Berthélemy pense d'ailleurs que la solidarité se proposerait de réaliser « une assurance efficace contre les risques sociaux ».

Il s'agirait donc d'une assistance modifiée dans son esprit ; il ne serait plus question de secourir les malheureux « parce que l'administration ne peut sans scandale se dispenser d'assister ceux qui sont dans l'impossibilité physique de gagner leur vie », ce qui d'ailleurs limiterait l'indemnisation des blessés aux cas d'impossibilité de pourvoir à la subsistance; mais en vertu d'une mise en commun du fonds social qui obligerait les co-sociétaires à supporter collectivement tous les risques de l'activité générale. Cette solidarité aurait un caractère plus relevé; il n'y aurait plus chez celui qui secourt cette commisération qui s'attache à tout acte d'assistance ni cette arrière-pensée d'intérêt social qui domine la pratique de la solidarité usuelle; il s'agirait d'une solidarité à tournure commerciale, la société étant une grande entreprise d'activité collective; le secours serait moins une aumône qu'une dette à la charge du fonds social en faveur d'associés devenus malheureux dans l'entreprise commune; la société devrait dédommager de ce qu'on a fait pour elle, en quelque sorte suivant l'esprit de l'art. 1852 du Code civil.

« Or dans une société, dit M. Desplas (1), lorsqu'à l'occasion des affaires sociales un associé a subi une perte industrielle, la société prend cette perte pour son compte et indemnise intégralement la victime, alors surtout qu'il s'agit d'un risque normal de l'entreprise. » Nous sommes ainsi ramenés à l'idée de contrat et, conséquemment, cette théorie qui était très soutenable sur un terrain industriel où il y a en effet contrat entre l'ouvrier et le patron, et qui pourrait encore présenter un certain caractère de vraisemblance au regard d'une armée de métier, est inacceptable aujourd'hui.

Avec une armée de métier, on peut dire que l'État passe

(1) DESPLAS, *loc. cit.*, p. 1180.

véritablement un contrat synallagmatique ; le citoyen consent à entrer dans le métier des armes moyennant certains avantages matériels et pécuniaires bien spécifiés ; notamment, on lui promet une retraite dans des conditions déterminées, soit pour vieillesse, soit pour infirmités, et la société devra payer suivant les conventions passées. Cela est si vrai que, dans son projet de loi, M. Mirman faisait une distinction entre les militaires de carrière et les militaires appelés en vertu de la conscription obligatoire et ne considérait l'État tenu vis-à-vis des seconds qu'en vertu du risque social.

Mais, en dehors de ce cas spécial où le contrat n'est pas niable, parler d'associés à propos de citoyens d'une même société et vouloir régler les rapports de ces citoyens avec la puissance publique suivant les inspirations du Code civil en matière de sociétés commerciales, c'est en revenir tout bonnement à la théorie du contrat social d'après laquelle les hommes ont décidé dans la plénitude de leur volonté de se constituer en société. Or il est inutile d'insister sur le caractère fantaisiste de cette théorie du contrat social qui est une vue de l'esprit entièrement démentie par les faits. Il est vrai que les solidaristes modernes (1), devant l'inanité de

(1) M. Charmont (*La renaissance du droit naturel*, p. 138) montre que l'idée de solidarité se trouve avec une force particulière dans la doctrine chrétienne ; l'idée de faute originelle repose sur la responsabilité solidaire d'une faute commise par un tiers ; et l'idée de rédemption repose sur le bénéfice solidaire d'un acte accompli par un tiers. Le solidarisme a donc sa source dans le lointain. Dans les

la théorie de Jean-Jacques Rousseau, ont prétendu que s'il n'y a pas contrat à la base de la vie sociale parce qu'il manque précisément la volonté des parties, cette condition essentielle des contrats, il y a du moins quasi contrat parce que tout se passe, en réalité, comme si la volonté des parties était acquise. Entre les hommes d'une même société, dit Fouillée (1), il existe un contrat réel quoique implicite « dont le signe juridique est l'action au lieu d'être une parole ou une signature » ; et ce contrat serait de tous le plus solide et le plus durable « car il dépend de millions de volontés qui ont des engagements l'une envers l'autre et même envers les générations dont elles acceptent l'héritage ». Autant dire qu'il y aurait un contrat implicite perpétuellement renouvelé par tacite reconduction.

M. Léon Bourgeois estime qu'il y a quasi contrat social parce que le législateur agira en s'inspirant de ce que les parties eussent vraisemblablement décidé si les circonstances le leur avaient permis. Fouillée est donc encore plus près du contrat social que M. Léon Bourgeois ; tandis que le premier parle de contrat implicite, le second parle de

temps modernes, M. Léon Bourgeois lui a apporté une incontestable publicité ; mais il n'a fait que suivre un chemin tracé par Fouillée, Henry Marion, Ch. Gide, Durkheim, Renouvier, Henry Michel.

Ces divers auteurs ont pensé trouver dans le solidarisme un terrain de conciliation entre le socialisme et l'individualisme ; mais ils ne proposent rien, en somme, que ne proposent les socialistes d'État, conciliateurs eux aussi.

(1) Fouillée, *Science sociale contemporaine*, p. 11.

quasi contrat. Mais l'un et l'autre commettent une erreur ; Fouillée commet une erreur sociologique en supposant que les hommes vivent en société suivant une volonté implicite ; et M. Léon Bourgeois commet une erreur juridique en faisant d'une volonté supposée la base du quasi contrat.

En considérant la volonté comme implicite, Fouillée à le mérite d'être d'accord avec les principes juridiques suivant lesquels il ne saurait y avoir de contrat en dehors de la condition fondamentale de la volonté des parties ; mais en faisant de ce contrat un contrat réel dont le signe juridique est l'action au lieu d'être une parole ou une signature, on ne voit plus ce qu'il y a d'implicite dans une volonté aussi explicitement exprimée et Fouillée retombe dans l'excès métaphysique de J.-J. Rousseau dont il pensait s'écarter. Il estime, en effet, que le régime contractuel est « le plus propre à tenir compte de toutes les obligations, de tous les contrats exprimés et sous-entendus, de tous les engagements juridiques à l'égard des parents et de la patrie et qui dit contrat dit solidarité (1) ».

D'ailleurs, rien ne permet de supposer qu'il y ait, pour vivre en société, soit une volonté explicite des hommes, comme disait J.-J. Rousseau, soit une volonté implicite, comme dit Fouillée.

Tout tend à prouver, au contraire, que la vie en société est un fait créé par la juxtaposition fatale des hommes, indépendamment non seulement de toute volonté mais

(1) Fouillée, *Science sociale contemporaine*, p. 16.

même de toute « attraction », pour reprendre l'expression de Fourier; et que, non seulement ce fait n'a pas été voulu, mais qu'il est subi et que si la vie sociale comporte des avantages qui ont évidemment leur prix, elle constitue du moins pour les individus une charge très pesante; de sorte qu'il est permis de penser que s'il avait été donné aux individus de choisir leur genre de vie, ils n'auraient probablement pas choisi une existence interdépendante, restrictive de liberté, créatrice d'obligations croissantes, mais plutôt une existence par petits groupes épars sans autres obligations que des obligations de sexes ou de famille. Ou tout au moins, s'il n'est pas possible de dire que tel aurait été leur choix, rien n'autorise à affirmer que leur choix n'aurait pas été tel, de même que rien n'autorise à affirmer que leur choix aurait été pour le système social actuel.

Quoi qu'il en soit, on ne peut pas ne pas remarquer que la tendance constante de l'individu dans nos sociétés est de se rendre plus libre, de faire plus légères les contraintes sociales et d'autant plus que la société tend à demander chaque jour à l'individu plus de discipline et plus de sacrifices; de sorte qu'apparait entre l'individu et la société une lutte de tous les instants qui ne permet pas vraiment qu'on puisse dire que l'individu donne un consentement implicite à tout ce contre quoi il se débat. L'individu est, en réalité, pris dans la vie sociale comme dans un engrenage; et de ce que l'engrenage ne lâche pas l'individu il ne s'ensuit pas que l'individu s'y soit mis et y reste de bonne volonté (1).

(1) M. Grasset, dans son livre, *La biologie humaine* (p. 301), si-

En considérant comme dérivant d'un quasi contrat des rapports au sujet desquels manque la volonté des parties, M. Léon Bourgeois et ses adeptes commettent une erreur juridique parce que la notion de contrat pouvant quasiment exister en dehors de la volonté est fausse ; comme le remarque M. Planiol (1) : « Par cela seul qu'on attribue à certains faits le nom de quasi contrats on les rapproche inévitablement des contrats ; on donne à penser que les uns et les autres sont des actes de même ordre qui ne diffèrent entre eux que par un caractère secondaire. Or il n'en est rien. L'essence du contrat est l'accord des volontés établi entre deux personnes dont l'une consent à devenir débitrice de l'autre ; c'est cet accord qui est la force créatrice de l'obligation. Or le quasi contrat exclut par définition cet accord des volontés ; il est donc séparé du contrat non pas par une différence secondaire mais par une différence essentielle ».

gnale que le 1er novembre 1911, sur le rapport de M. Georges Bohn, fut refusée à la Faculté des Lettres de Paris une thèse de M. Georges Palante parce que celui-ci soutenait notamment l'opinion suivante : « En fait, les heurts de l'individu et de la société sont incessants. Sans doute la société dure ; mais il en est d'elle comme d'une machine grinçante qui marche par à-coups et au prix de heurts incessants. La durée de la société n'empêche pas ce fait non moins incontestable : la résistance de l'individu à la contrainte sociale, sa révolte ouverte ou sourde contre la compression qu'il subit..... Il y a là une antinomie analogue à celle que Schopenhauer a découverte entre l'individu et l'espèce. L'individu est sacrifié à la société comme il est sacrifié à l'espèce ».

(1) Planiol, *loc. cit.*, II, p. 811.

D'autant, comme le remarque M. Planiol, que pour les obligations auxquelles on donne le nom de quasi contrats non seulement l'obligation prend naissance sans la volonté, mais souvent malgré la volonté contraire de l'obligé, ce qui est le cas le plus fréquent.

On n'a donc pas à présumer ou à supposer un accord de volontés ; et il est purement arbitraire de prétendre, comme fait M. Léon Bourgeois, que les choses se passent suivant ce qu'auraient vraisemblablement décidé les intéressés ; en réalité, le quasi contrat ne dérive que d'obligations légales ; c'est ce qui a été montré très clairement par Pothier : « dans les contrats c'est le consentement des parties qui produit l'obligation ; dans les quasi contrats il n'intervient aucun consentement ; c'est la loi seule ou l'équité naturelle qui produit l'obligation en rendant obligatoire le fait d'où elle résulte » (*Obligations* n° 114) ; par Laurent : « On chercherait vainement une autre cause que la loi » (t. XX, n° 307) ; par M. Planiol : « Cette obligation qui n'est pas l'œuvre de la volonté de l'obligé et qui ne peut pas lui être imposée par un tiers est l'œuvre de la loi ; elle est légale » (II. 811). M. Léon Bourgeois lui-même, en disant que c'est par le législateur que les rapports sociaux doivent être réglés, ne peut échapper à la nécessité de reconnaître à ces rapports le caractère d'obligations légales et non contractuelles ou quasi contractuelles.

Or, toute la force de la solidarité comme théorie d'obligations réside dans l'idée que cette solidarité dériverait d'un contrat, implicite suivant Fouillée ou supposé suivant

M. Bourgeois, et qui tiendrait les uns vis-à-vis des autres les hommes d'une même société ; mais le fait que cette idée de contrat tant implicite que supposé soit juridiquement inacceptable fait crouler tout l'édifice des obligations fondées sur une solidarité contractuelle ou quasi contractuelle au sens de M. Léon Bourgeois. Et si l'on tient à conserver l'expression tout à fait impropre de quasi contrat et à dire qu'il y a quasi contrat social, il faut comprendre tout simplement qu'en raison des faits de l'interdépendance dans laquelle vivent les hommes d'une même société, la loi est amenée à intervenir pour créer entre ces hommes des obligations d'où doit découler la bonne harmonie sociale. Mais alors si c'est là tout ce que nous apprend la théorie du solidarisme elle ne nous apprend rien ; car il y a longtemps que nous savons que les rapports sociaux des individus sont réglés par les lois que les circonstances sociales rendent nécessaires.

L'idée métaphysique de solidarité contractuelle s'efface donc devant l'idée positive de solidarité coercitive imposée par le fait social d'abord et par l'autorité légale ensuite ; et les obligations que l'on fera découler de ce principe de solidarité coercitive ne seront jamais accueillies que comme des charges parce qu'elles apparaitront non pas comme voulues ni même consenties, mais comme imposées, en vertu de circonstances sociales qui nous sont extérieures (1).

(1) C'est, en effet, le passage de l'interdépendance sociale — fait constaté — à l'obligation d'agir dans un certain sens qui constitue le point faible du solidarisme comme règle morale. « On n'est pas

Dans ces conditions, les covivants de la vie sociale resteront des concurrents beaucoup plus que des associés, quoi qu'en pense M. Desplas qui voit, sous la splendeur de la

autorisé à aller de l'énonciatif au normatif », dit M. Lalande (*Bull. Soc. philosophie*, avril 1908, p. 133) » ; d'une proposition, ceci existe il s'agirait d'extraire un il faut faire ; une pareille prétention apparaît de plus en plus comme impossible et vaine ; elle contredit toutes les règles de la logique. Jamais d'un fait, d'un donné, d'une existence on ne pourra faire sortir un précepte, un devoir faire », dit M. Belot (*Bull. Soc. philosophie*, avril 1908).

Et M. Duguit (*Traité de droit constitutionnel*, p. 14) qui a essayé de fonder le droit tout entier sur cette solidarité sociale qu'il appelle interdépendance sociale « pour éviter, dit-il, le mot solidarité discrédité par les politiciens », est vivement pris à partie et obligé de se défendre.

« Que dirons-nous, dit M. Gény (*Science et technique en droit privé positif*, p. 268), de la notion de devoir se transformant en fonction sociale par laquelle Duguit prétend remplacer la notion du droit subjectif ? Cette conception a beau être empruntée à Auguste Comte ou du moins appuyée de sa haute autorité, elle n'en reste pas moins une notion strictement métaphysique, attendu que rien dans la nature soumise à notre observation, et si nous refusons à excéder celle-ci, ne saurait nous révéler un véritable devoir faire. » Et M. Gény ajoute (p. 271) : « Il n'est pas possible qu'un esprit aussi vigoureux et aussi perspicace n'aperçoive pas le trou béant qu'offre son système pour le passage de l'indicatif à l'impératif qui reste le nœud essentiel de tout droit comme de toute morale ».

M. Colson (*Organisme économique et désordre social*, p. 139) s'exprime ainsi : « Il nous est impossible, quant à nous, de concevoir comment M. Duguit passe ainsi de la constatation du fait de l'interdépendance des hommes à l'idée de droit ou d'obligation... De ce qu'une relation existe on ne peut conclure que l'homme doit travailler à l'étendre et à la développer ». M. Duguit se défend : « Si j'avais affirmé l'existence d'une règle morale fondée sur le fait solidarité contractuelle, l'union pour la vie se subsistuer à la « lutte pour la vie » ; Bentham avait déjà dit : « Les hommes sont associés et non rivaux » ; mais les économistes nous montrent que le *struggle for life* de Spencer reste vrai ; et comme dit Fouillée, « les hommes sont associés, sans doute ; mais tant qu'un lien plus fort que l'intérêt ne les a pas unis, ils sont rivaux avant tout » (1).

De sorte qu'en définitive les hommes apparaissent comme vivant en société suivant une sorte de fatalité ; associés par la force des choses, dans une existence collective qu'ils n'ont pas voulue et qu'ils supportent mal : rivaux les uns des autres, d'une part, hostiles, d'autre part, à la société qui les intègre et les contraint. La solidarité n'est que le prolongement voulu sur un terrain moral du fait social d'interdépendance ; elle est elle-même un fait social ; elle est

de la solidarité, j'aurais fait de la métaphysique. Mais j'ai dit que l'homme, être social, est obligé de se conformer à la loi d'interdépendance parce qu'en fait, s'il ne le fait pas, il en résulte une réaction sociale ou du moins un désordre social ». Et encore : « nous ne disons pas : l'acte de coopération à la solidarité est bon : nous disons : l'acte de coopération a une valeur et des conséquences sociales » (*Transformations du droit privé,* p. 187). Mais, en réalité, dès que M. Duguit, au lieu de s'en tenir aux généralités de la doctrine, veut justifier l'obligation dans des cas précis, la solidarité, fondement d'obligation, lui apparaît insuffisante ; c'est ainsi que pour justifier l'obligation d'assister les vieillards, infirmes et incurables, il écrit : « La loi d'interdépendance à elle seule est impuissante. Il faut quelque chose de plus : il faut le sentiment de la pitié pour la souffrance humaine » (DUGUIT, *Le droit social,* 2e édit., 1911, p. 68).

(1) *L'idée moderne du droit*, p. 174.

extérieure à l'individu et apporte à celui-ci certaines réparations sans lui créer de droits (1).

III. — *L'égalité des charges.*

Suivant cette théorie, la réparation des dommages de guerre reposerait sur ce principe fondamental que les charges publiques « doivent être également réparties entre tous les citoyens en raison de leurs facultés » (2).

Si donc un citoyen se trouve, du fait de la guerre, avoir supporté une contribution trop pesante, il convient de le

(1) C'est ainsi que conclut également M. J. Barthelémy (p. 64) : « On peut considérer que cette notion de solidarité crée un devoir moral à la charge de l'Etat; il n'est pas absolument démontré qu'elle crée en correspondance chez l'intéressé un droit véritable comme celui que nous voulons voir reconnaître aux victimes de la guerre ».

Mais voilà que, néanmoins, M. J. Barthelémy fonde ce droit sur la solidarité : « Pour concilier tout le monde, nous pouvons dire que le principe de l'égalité devant les charges publiques, qui fonde le droit à la réparation des dommages de guerre, est une des applications juridiques les plus certaines de l'idée de solidarité ».

Nous avons déjà vu M. H. Berthélémy successivement répudier et accepter la solidarité comme fondement de droit. Il y a dans ce fait de jurisconsultes éminents cherchant à se dégager d'une théorie creuse et y revenant cependant, et comme malgré eux, un curieux exemple de la force suggestive que peut développer une conception à la mode.

(1) *Déclaration des droits de l'homme*, art. 13.

décharger de l'excès de contribution. L'infirme de guerre ayant abandonné sa validité dans l'intérêt commun et contribué ainsi plus qu'il n'est normal aux charges publiques, compte doit lui être tenu des infirmités qu'il a contractées.

M. J. Barthelémy arrive à cette théorie en partant de la solidarité et par esprit de conciliation ; il pense annihiler de cette façon les très sérieuses objections dirigées contre les conceptions solidaristes : « Pour concilier tout le monde nous pouvons dire que le principe de l'égalité devant les charges publiques qui fonde le droit à la réparation des dommages de guerre est une des applications juridiques les plus certaines de l'idée de solidarité » (1).

Il est curieux de remarquer que c'est, au contraire, en partant du principe d'égalité que M. Desplas aboutit au solidarisme. Et il semble à cet égard que le chemin suivi par M. Desplas soit sociologiquement plus exact que celui suivi par M. Barthelémy (2).

Si l'on peut, en effet, prétendre que l'égalité des charges peut aboutir au développement entre les individus d'une même société de liens de solidarité, il paraît tout à fait injustifié de concevoir la solidarité comme base nécessaire de l'égalité des charges. Cette égalité des charges se désintéresse au fond complètement des attaches qui peuvent exister et qui existent en fait entre les sociétaires ; les seules attaches considérées sont celles qui tiennent l'individu à l'Etat.

(1) J. Barthélémy, *La réparation des dommages de guerre*, Alcan, 1917, p. 64.

(2) Voir *supra*, p. 93.

L'Etat a besoin de faire rentrer un chiffre total de contributions ; il a devant lui, comme contribuables, un chiffre total d'individus ayant certaines ressources ; il répartit la contribution totale entre tous à raison des facultés personnelles et s'efforce de faire payer chacun des individus sans se préoccuper des liens qui peuvent exister entre eux. On pourrait, avec M. Charles Lyon-Caen, comparer cette situation à celle faite par le Code de commerce (1) aux divers propriétaires de la cargaison ; que le capitaine soit amené, pour sauver le navire, à jeter une partie des marchandises, l'ensemble de la perte sera répartie sur les effets jetés et sauvés et sur le navire et le fret (2).

Une égale répartition des charges est donc effectuée sans qu'il y ait cependant aucune espèce de solidarité entre les divers propriétaires des marchandises, du navire et du fret ; et la situation n'est aucunement comparable à celle visée part l'art. 1852 du Code civil où il s'agit de pertes subies par un associé et dont les co-associés doivent prendre solidaire-

(1) Code de commerce, art. 417 : La répartition pour le paiement des pertes et dommages est faite sur les effets jetés et sauvés et sur moitié du navire et du fret à proportion de leur valeur au lieu du déchargement.

(2) M. Jacquelin (*Le droit social et la réparation des dommages en régions envahies*, p. 9) écrit : « La France est le navire qui a failli sombrer et qui n'a échappé au naufrage que grâce au sacrifice momentané des régions abandonnées à l'invasion ennemie, etc... », et il pense que l'esprit du Code de commerce trouve ici son application. Il convient de se méfier de ces comparaisons, séduisantes peut-être au point de vue littéraire, mais inconsistantes au point de vue juridique.

ment leur part ; la preuve en est que si l'on avait supposé une association de fait, partant une solidarité, entre les divers propriétaires de marchandises embarquées sur un navire déterminé, il n'y aurait pas eu besoin de faire intervenir les textes spéciaux du Code de commerce et l'application pure et simple du principe contenu dans l'art. 1852 du Code civil aurait suffi.

Egalement (1), lorsque les habitants d'une commune supportent les dommages causés par attroupements ou rassemblements, ce n'est pas par solidarité entre gens dont la responsabilité peut d'ailleurs n'être à aucun titre engagée, mais parce qu'il y a lieu à répartition des charges entre habitants constituant la commune responsable. Cela est si vrai que la loi du 16 avril 1914 a passé une partie de la responsabilité à l'Etat et amené ainsi la répartition d'un quantum des dommages sur l'ensemble des habitants du pays dont la solidarité avec les habitants de la commune est nulle en l'espèce.

Egalement encore, lorsque les habitants d'une commune prennent leur part d'une réquisition adressée par l'ennemi à l'un d'eux, pris comme représentant de cette commune, ce n'est pas en vertu de la solidarité qui les unirait, contrairement à ce que soutient M. Larnaude (2), mais parce qu'il y a lieu à une équitable répartition des charges entre membres d'une même collectivité.

La solidarité et l'égalité des charges sont par conséquent

(1) Loi 10 vendémiaire an IV ; loi 5 avril 1884, art. 106 et suiv.
(2) *La guerre et la vie de demain*, p. 208.

des idées absolument distinctes entre lesquelles il ne convient pas de laisser s'établir aucune confusion.

Il semble d'ailleurs que l'idée d'égalité des charges se suffise à elle-même comme principe de droit public, et il paraît inutile de vouloir en renforcer la valeur en invoquant soit l'idée de solidarité comme fait M. J. Barthelémy, soit l'idée de gestion d'affaires comme fait M. Larnaude (1), soit l'idée d'enrichissement sans cause comme fait M. Desplas. Parmi la population, la guerre a frappé les uns et épargné les autres ; il ne convient pas que les charges publiques restent arbitrairement réparties et l'égalisation des contributions à la guerre s'impose. Voilà un principe clair et satisfaisant.

Mais en quoi, parce qu'on aura versé une somme d'argent à la veuve ou à l'infirme, aura-t-on égalisé les charges ? L'homme devait le service militaire ; il a donné le service et en plus sa validité ou sa vie ; on ne peut vraiment pas attribuer à l'indemnisation qui pourra être versée la valeur d'une ristourne pour trop perçu ; la santé, l'existence, ce sont des biens dont la perte ne peut être pécuniairement compensée ; et c'est l'occasion de citer ce que disait Malapert (2) à propos des redressements projetés au nom de la solidarité : « Voici un homme qui a hérité de 100.000 fr. et d'une maladie mentale ; établissez son compte ».

Rien n'empêchera que celui qui a perdu une jambe à la

(1) *La guerre et la vie de demain*, p, 212.
(2) *Essai d'une philosophie de la solidarité*, p. 105.

guerre ait une jambe en moins, quelle que soit l'indemnité qu'on lui alloue ; l'égalité des charges exigerait que la jambe amputée fût reconstituée au moyen de l'abandon par tous les non amputés d'une part de leurs membres inférieurs. Davantage encore, il apparaît qu'en cas de mort aucune indemnité à la veuve ne pourra ressusciter le disparu. Et, par conséquent, l'égalité des charges en cette matière est un leurre.

En conséquence, cette théorie de l'égalité des charges qui est, à première vue, séduisante et qui peut trouver son application sur le terrain des dommages matériels de la guerre (1) est, au contraire, sur le terrain de la réparation des dommages humains, totalement inapplicable et sans signification.

(1) C'est bien ainsi que M. Louis Rolland (p. 92) entend faire jouer le principe de la solidarité qui, selon lui, aboutirait à réaliser l'égalité devant les charges publiques de façon qu'il n'y ait pas d'associés pécuniairement plus malheureux que d'autres : « La défense du pays avec les obligations qu'elle entraîne et les risques qu'elle comporte constitue une charge publique au premier chef. Devant cette charge tous doivent être égaux ; l'égalité est rompue si les victimes d'une armée d'occupation ou d'invasion qui ont déjà à supporter toute l'horreur de la guerre ne peuvent même pas demander à la nation la réparation des préjudices matériels qu'ils ont subis ».

CHAPITRE V

LE DROIT DU MILITAIRE INFIRME A INDEMNISATION

Militaires engagés et militaires appelés.

Aucune des théories émises sous la poussée de l'opinion moderne ne parvient donc à établir un droit du militaire infirme à indemnisation. Toutes aboutissent soit à une assistance avouée, accordée tantôt comme récompense nationale, tantôt au nom de la justice ou de l'humanité, soit à une assistance déguisée sous couvert de solidarité ou de risque social. Ce que nous voulons examiner maintenant c'est si vraiment le soldat malheureux ne peut prétendre à autre chose que d'être un éternel secouru ou si n'existe pas le fondement d'un droit en vertu duquel le militaire blessé pourrait, en tant qu'individu et en raison de ses blessures, exiger réparation de la société comme ferait un véritable créancier ; d'un droit « né dans la personne de l'individu, faisant partie de son patrimoine » (1) que l'infirme puisse

(1) LARNAUDE, *La guerre et la vie de demain*, p. 220.

faire valoir « la tête haute, comme on réclame son dû » (1).

La guerre actuelle, en nous mettant en présence des effroyables infirmités qu'entraîne l'accomplissement du devoir militaire, nous permet de sentir mieux que jamais tout ce qu'il y a de froissant pour nos consciences d'hommes épris de droit dans l'implacable doctrine de la guerre acte de gouvernement et tout ce qu'il y a de décevant dans la théorie lénitive de la solidarité (2). Combien plus satisfaisantes, en un sens, apparaissent la belle pensée de charité dont s'inspirait Henri IV ou les grandes « idées forces » de justice dont s'inspirait Louis XIV ou de fraternité dont s'inspiraient les assemblées révolutionnaires. (3)

Ce froissement de nos consciences est la manifestation de ce sentiment profond de haute justice qui pousse les hommes à ne point être satisfaits par les vaines théories de la casuistique et à rechercher le droit. C'est sous l'inspiration de cette conscience que M. Bazin écrivait (4) : « Nier la dette de l'Etat serait aussi monstrueux qu'illogique » ; également M. Jacquelin (5) parle du droit à indemnité fondé

(1) LARNAUDE, *La guerre et la vie de demain*, p. 211.

(2) « Les idées nuageuses de la solidarité », dit M. COLSON (*Organisme économique et désordre social*, Flammarion, 1912, p. 286).

(3) M. COLSON, *loc. cit.*, p. 137, montre que, dans la pensée de ses adeptes, « la solidarité intervient afin de donner un caractère de nécessité et d'obligation juridique à des actes restés jusque-là dans le domaine de la liberté et de la conscience ».

(4) BAZIN, *loc. cit.*, p. 61.

(5) JACQUELIN, *Le droit social et la réparation des dommages en régions envahies*, p. 10.

« sur un irrésistible sentiment de justice ». Dans le même esprit, sans doute, M. Millerand, alors ministre de la Guerre, s'adressant aux blessés, écrivait en 1914 : « Demain, la guérison obtenue, si quelques infirmités glorieuses amoindrissent vos forces de travail, la nation payera sa dette à votre égard ». Et M. Godart, Sous-Secrétaire d'Etat du Service de Santé militaire, disait, à deux reprises, soit à la Fédération des Mutilés (1), soit à la tribune du Sénat (2) : « L'Etat paiera la pension parce qu'elle est la dette sacrée. intangible, le prix du sang et de la souffrance » ; « la pension est intangible... ; elle est la dette sacrée de la nation à l'égard de ceux qui ont souffert pour elle ».

Mais il ne suffit pas d'affirmer la dette de l'Etat ; il faut, d'une part, montrer que l'Etat peut être tenu pour responsable des dommages de guerre et, cette responsabilité étant admise en principe, appuyer, d'autre part, la prétendue créance sur un titre certain.

Quant au premier point, nous avons suffisamment montré que le dogme de l'irresponsabilité de l'Etat, très fortement battu en brèche par la jurisprudence et par la doctrine, n'est pas plus justifié par la théorie du cas de force majeure que par celle des actes de gouvernement. L'irresponsabilité de l'Etat étant ainsi repoussée comme principe, en vertu de quoi l'infirme de la guerre viendra-t-il demander à l'Etat réparation de ses infirmités ? Or il n'est pas possible de savoir si le militaire infirme a un droit personnel et subjec-

(1) Assemblée générale de la Fédération des Mutilés, 14 juin 1916.
(2) Sénat, 16 mars 1917.

tif à indemnisation, ni quelles sont la nature et la consistance de ce droit tant que n'est pas exactement déterminée la situation juridique du militaire. Doivent donc être étudiés les rapports de droit existant entre le militaire et l'Etat.

Un fait préalable apparaît évident : c'est que les situations juridiques sont totalement différentes suivant qu'on considère le militaire bénévole et le militaire appelé en vertu de la conscription. C'est ainsi que la loi des pensions militaires étant une loi générale qui s'applique à l'ensemble de l'armée, interviennent ensuite des textes spéciaux qui permettent d'accorder aux militaires de carrière des bonifications fondées sur la durée des services ; ou encore que l'application de la loi générale aux engagés spéciaux est conditionnée par des décisions particulières ; ou encore que certaines armes de caractère nettement professionnel, la gendarmerie par exemple, jouissent d'avantages exceptionnels. Ainsi également le projet de loi actuellement rapporté par la Commission des pensions de la Chambre des députés entend ne s'occuper que des militaires appelés et disjoint systématiquement toutes les propositions primitivement contenues dans le projet du gouvernement et applicables aux militaires de carrière ; un projet distinct devant intervenir pour ceux-ci, qui tiendra compte de la durée des services et des campagnes.

Donc, quelque unité qu'on veuille donner à l'armée nationale, la situation juridique du militaire ne saurait être étudiée sans qu'il soit d'abord tenu compte des différences essentielles qui séparent en fait le militaire engagé du militaire appelé et mettent l'un et l'autre vis-à-vis de l'Etat dans des positions tout à fait distinctes.

1° *Militaires engagés.*

Contrat de louage de services.

L'engagé est celui qui fournit des services militaires auxquels il n'est pas astreint. Il est poussé par son goût des armes, ou par son dévouement à la défense nationale, ou par les avantages offerts par l'Etat. En tous cas, quel que soit le mobile quile guide, il sert parce qu'il veut bien servir et, dans ces conditions, apparaît bien entre ce militaire bénévole et l'Etat un contrat comportant pour les deux parties des obligations : obligation pour l'individu de fournir des services déterminés ; obligation pour l'Etat de payer une certaine solde, d'observer certaines modalités d'avancement, d'assurer une certaine retraite, soit pour ancienneté de services, soit pour infirmités contractées aux armées.

Le lien juridique qui unit l'Etat et le militaire engagé serait donc un lien contractuel.

Une telle conception dépasse d'ailleurs de beaucoup le cadre étroit de notre étude et soulève tout à la fois le gros problème de la situation contractuelle du fonctionnaire en général et le problème, encore plus vaste, de la situation contractuelle en matière de louage de services. Mais l'on s'exposerait à de graves erreurs à s'en tenir en pareille matière à l'examen étroit du problème particulier qu'il s'agit de résoudre et ce n'est pas sortir de notre sujet — la situation contractuelle du militaire engagé — mais au contraire l'éclairer à la lueur des grandes idées de droit que d'étendre le débat jusqu'au fonctionnarisme et jusqu'au louage d'ouvrage.

Longtemps l'opinion fut soutenue en France que la situation des fonctionnaires est contractuelle (1). Mais la doctrine classique moderne se refuse énergiquement à considérer que l'Etat et les fonctionnaires tant civils que militaires puissent être unis par un contrat et affirment que l'Etat ne tient à ses agents que par des liens d'autorité. Il était logique que M. Hauriou, défenseur de l'autocratique théorie de l'acte de gouvernement fût un des plus décidés à repousser l'idée d'un fonctionnarisme contractuel. Même M. Hauriou (2) reproche à M. Bourguin qui s'est fait « le champion de la thèse contractuelle » d'avoir été « victime de la superstition du contrat » ; et M. Hauriou est très inquiet de penser que cette thèse contractuelle pourrait conduire au groupement des fonctionnaires en syndicats et à la revendication par ceux-ci du droit de grève. On retrouve cette inquiétude dans une série d'articles publiés par le journal *Le Temps* au moment des démêlés survenus entre les fonctionnaires et M. Clemenceau : « Est-ce qu'il sera jamais possible de faire admettre que des gens qui ont

(1) Voir notamment DARESTE, *Justice administrative*, 1862, et PERRIQUET, *Les contrats de l'Etat*, 1890.

(2) HAURIOU, *Précis de droit administratif et de droit public*, 1914, p. 625 en note.

sollicité des fonctions pour y trouver la sécurité du présent et de l'avenir puissent, pour imposer la réalisation de leurs desiderata plus ou moins légitimes, retourner les armes mises dans leurs mains par l'Etat qui représente la nation contre cet Etat, c'est-à-dire contre la nation elle-même ?.., Peut-on concevoir que des fonctionnaires payés par l'Etat concourent au renversement de l'Etat?... Au régime parlementaire, serviteur de l'intérêt général, on aurait substitué une sorte de dictature professionnelle » (1).

Peut-être est-ce pour parer aux dangers de l'émancipation des fonctionnaires, la comparaison étant inévitable entre la situation de l'ouvrier et celle du fonctionnaire, qu'on en est venu à contester l'existence du contrat non seulement entre le fonctionnaire et l'Etat mais même entre l'ouvrier et son patron.

Ne mêlons pas les questions et gardons-nous sur le terrain de la doctrine de repousser des idées parce qu'elles pourraient empêcher les faits de demeurer ce que nous voudrions qu'ils fussent perpétuellement. En vérité, quel changement aurait apporté sur ce point notre régime démocratique s'il fallait penser avec M. Steeg que « c'est toujours le souverain que l'on sert, le souverain tel qu'il était aux yeux des constituants de 1793, c'est-à-dire la Nation (2) ».

(1) *Le Temps*, 15 nov. 1905; 10 avril 1907; 25 avril 1909; 22 octobre 1910 cité par Georges Cahen, *Les fonctionnaires, leur action corporative*, Armand Colin, 1911, p. 370.

(2) Steeg. Rapport sur le budget de l'Instruction publique, Chambre, 1910; le passage cité a été écrit à propos des revendications des instituteurs.

Au moins le souverain des régimes déchus avait sur la nation cet avantage de ne pouvoir abriter ses erreurs, ses fautes et ses injustices derrière une responsabilité éparpillée et de pouvoir supporter à l'occasion le poids de ses actes.

Laissons donc de côté les appréhensions excessives et, pour mieux déterminer la valeur juridique des services du fonctionnaire, reportons-nous à la situation de droit existant, à propos de l'ordinaire louage de services, entre l'ouvrier et le patron.

On a voulu distinguer dans l'opération du louage d'ouvrage « l'accord de l'ouvrier avec le patron ou contrat de travail, de l'acte statutaire ou règlement d'atelier qui régit la marche de l'usine » (1).

Le contrat, suivant cette conception, serait réduit au simple

(1) GAZIN, *De la nature juridique des règlements de travail, Thèse*, Dijon, 1913, p. 89. La pensée est précisée dans les termes suivants (p. 8 et 9) :

« Dans l'acte de l'ouvrier qui s'embauche, deux éléments seront distingués.

La rencontre de la volonté du travailleur avec celle du patron donne naissance à un contrat : le contrat de travail. Par l'effet de cette convention l'ouvrier acquiert des droits. Le principal est le droit au salaire stipulé. L'ouvrier devient en même temps débiteur d'une série d'obligations. La première est de fournir le travail convenu.

Par l'embauchage, second point, l'ouvrier entre dans l'usine, il fait partie du personnel d'une institution. Comme la famille, comme la cité, comme l'Etat, cette institution a sa constitution propre. Elle a ses lois auxquelles il faut se soumettre, son pouvoir dominateur dont la fonction est de commander et de faire respecter l'ordre », accord sur le fait que l'ouvrier fournira son travail moyennant tel salaire ; toutes autres relations entre ouvrier et patron ne prenant cours qu'à partir de l'embauchage effectif, lequel incorpore l'ouvrier à l'entreprise. Cette entreprise, qui a pour principal objet d'assurer sa propre vitalité et dont l'intérêt dépasse l'intérêt particulier de chacun des travailleurs qui y sont incorporés, codifie les règles dont l'observance est nécessaire à sa vitalité sous la forme d'un règlement d'atelier. « Ce n'est plus seulement un pouvoir disciplinaire qui appartiendra à toute institution, c'est aussi un pouvoir d'organisation interne, pouvoir constituant et législatif, nécessaire au bon fonctionnement de l'institution même et limité par les nécessités de ce bon fonctionnement (1). »

Ce règlement établi par le patron et auquel l'ouvrier n'a pas le droit de se soustraire aurait le caractère d'un acte unilatéral et n'aurait à aucun degré le caractère d'un acte contractuel : « Point de volonté de s'obliger du côté de chaque ouvrier, partant point de rencontre des consentements ; point de convention ; le règlement d'atelier est en réalité un acte unilatéral émanant du patron » (2).

Il s'agirait de contrats d'un caractère spécial que M. Saleilles appelle contrats d'adhésion (3) et caractérisés par ce fait que l'ouvrier adhère à un règlement dont les clauses ne sont pas conventionnelles parce qu'il n'a pas contribué à

(1) Gazin, *loc. cit.*, p. 82.
(2) Gazin, *loc. cit.*, p. 58.
(3) Saleilles, *Déclaration de volonté*, 1901, p. 229 et suiv.

les établir et parce qu'il n'en a souvent même pas eu connaissance.

L'ouvrier n'a pas contribué à les établir car c'est le patron seul qui les a fixées dans l'intérêt de son industrie et en vertu de son pouvoir de direction. Et même l'ouvrier aurait-il été appelé à les discuter, M. Gazin ne voit là rien qui vaille de retenir l'attention : « Cette loi statutaire est-elle promulguée après des débats entre le patron et les représentants des ouvriers, elle ne prend point pour cela le caractère contractuel. Quand la loi est faite par un parlement élu par les délégués du pays, elle ne revêt point pour autant un caractère conventionnel. Elle s'applique à tous bien que jamais elle n'ait été votée par une unanimité et bien que chaque parlementaire qui l'a votée ne soit lui-même l'élu que d'une majorité » (1).

L'ouvrier n'en a pas connaissance parce que le patron se contente généralement d'un affichage du règlement dans un coin de l'atelier et que l'ouvrier ne le lit point ; et même en donnerait-on connaissance au moment de l'embauchage, l'ouvrier n'y porte pas attention parce que la seule chose qui l'intéresse est de savoir s'il y a du travail pour lui et combien on le paiera. Et M. Gazin repousse l'idée de contrat présumé, admise cependant par la Cour de Cassation à la condition que l'ouvrier ait eu connaissance du règlement au moins par un affichage apparent (2).

(1) Gazin, p. 139.
(2) Cass. civ., 9 déc. 1907, D. 1908. 1. 420 et 27 mai 1908, S. 1908. 1. 243.

Le règlement d'atelier serait donc une loi privée ; et, à cet égard, M. Demogue écrit (1) : « C'est une erreur de croire que la loi, source d'obligations générales et impersonnelles, soit nécessairement l'œuvre de l'Etat ou des autorités étatiques qui ont reçu un pouvoir réglementaire : ministres, préfets, maires. La loi n'est qu'une manifestation sociale comme une autre que l'Etat a cherché à canaliser à son profit comme il l'a fait pour l'autorité et la justice ». Les divers auteurs qui regardent l'ouvrier comme tenu au patron principalement par des liens d'autorité ne manquent pas, en effet, d'effectuer un étroit rapprochement entre l'institution de droit privé constituée par l'usine et l'institution sociale elle-même : Brugeilles (2) parle de l'entreprise comme « d'un petit monde en raccourci, d'une société économique en miniature » ; le contrat de travail, dit M. Saleilles (3), « est la charte d'un petit organisme social » et encore (4) : « Il s'agit d'une petite charte industrielle ou, si l'on veut, de la constitution du travail pour une industrie déterminée, constitution garantie par certains patrons un peu à la façon dont, au début du XIXe siècle, les rois octroyaient et juraient une constitution au profit de leurs peuples ». M. Gazin (5)

(1) DEMOGUE, *Les notions fondamentales du droit privé*, p. 597.

(2) BRUGEILLES, « Essai sur la nature juridique de l'entreprise », *Rev. trim.*, 1912, p. 121.

(3) SALEILLES, *Les accidents du travail et la responsabilité civile*, 1897, p. 21.

(4) SALEILLES, *Bulletin soc. d'études législatives*, 1908, p. 85.

(5) GAZIN, *loc. cit.*, p. 94, en note.

s'exprime ainsi : « Ne dit-on pas que tous les hommes vivent en société ? ne fonde-t-on pas sur ce fait l'existence de règles obligatoires parce que nécessaires dans l'intérêt de la collectivité nationale ? » et encore (1) : « l'Etat édicte des défenses. Il a son code pénal gardien de l'existence de la société. Chaque institution a sa discipline ».

En résumé, par conséquent, sur le terrain industriel il y aurait contrat de louage d'ouvrage en ce que le patron et l'ouvrier se sont mis d'accord sur le salaire et sur le principe de l'embauchage ; il y aurait rapport d'autorité pour tout ce qui dépasse cet accord préliminaire, c'est-à-dire pour la soumission aux règles de l'entreprise.

Sur le terrain du fonctionnarisme il n'y aurait plus contrat du tout. En effet, suivant M. Hauriou (2), concernant d'une part l'accord préalable sur le principe de l'embauchage, il n'y aurait pas échange de consentements, c'est-à-dire « conclusion de l'opération reportée jusqu'à l'émission du second consentement de telle sorte que les effets juridiques de la nomination se produisent immédiatement sans qu'on attende l'acceptation du fonctionnaire ». Et, concernant d'autre part l'embauchage proprement dit, il aurait pour effet de soumettre le fonctionnaire à des lois et à des règlements émanant de la puissance publique et ayant au plus haut point le caractère d'actes unilatéraux. Car ces règlements, c'est l'Etat qui les fait et qui peut les modifier à tel point, signale M. Hauriou, que l'Etat, de sa seule

(1) Gazin, *loc. cit.*, p. 77.
(2) Hauriou, *loc. cit.*, p. 620 et suiv.

autorité, aurait réduit des traitements ou des pensions de fonctionnaires en situation ; de telle sorte qu'il n'y aurait pas loi contractuelle suivant l'art. 1134 du Code civil(1). Et en outre il n'y aurait même pas détermination de l'objet du contrat puisque l'Etat, pour l'embauchage du fonctionnaire, n'établit ni cahier des charges, ni dossier quelconque du contrat. Il est vrai que les conditions du contrat sont contenues dans les lois et règlements en vigueur ; mais, pense M. Hauriou, « du moment que ces lois et règlements ne sont pas réunis en un cahier et formellement soumis à l'aspirant fonctionnaire, il manque l'élément formel du cahier des charges, c'est-à-dire la détermination de l'objet du contrat ».

Ainsi Laferrière a pu écrire (2) : « S'il est vrai que la fonction publique suppose entre l'autorité qui nomme et l'agent qui est nommé un accord de volontés qui doit également se produire dans le cas de démission volontaire et que la fonction comporte des obligations réciproques du fonctionnaire et de l'Etat, ces obligations dérivent de la loi et non des contrats. Ni l'administrateur, ni le fonctionnaire ne peuvent, en général, les modifier par des conventions particulières ; l'amovibilité ou la perpétuité du titre, la nature des services à rendre, le taux des traitements, les conditions du droit à pension sont fixés pour tous les

(1) Code civil, art. 1134 : Les conventions légalement formées tiennent lieu de loi à ceux qui les ont faites. Elles ne peuvent être révoquées que de leur consentement mutuel ou pour les causes que la loi autorise. Elles doivent être exécutées de bonne foi.

(2) LAFERRIÈRE, *Traité jurid. admin.*, I, 564.

emplois de l'Etat par des actes législatifs ou réglementaires auxquels il ne pourrait être suppléé ni dérogé par des contrats ».

Aucun des arguments donnés pour écarter le fonctionnarisme du domaine contractuel ne nous paraît convaincant ; et nous ne nous sentons capable de leur reconnaître d'autre mérite que de servir avec beaucoup d'ingéniosité l'autoritarisme de l'Etat.

Comment prétendre qu'il n'y a pas échange de consentements et report de l'opération jusqu'à l'émission du second consentement ? Le candidat fonctionnaire a bien donné son consentement puisque, non seulement il consent, mais sollicite ; et c'est le deuxième consentement, la nomination par l'Etat, qui scelle le contrat. Ou, si l'on préfère, c'est la prise de service par le fonctionnaire nouvellement nommé qui constitue son consentement. Plus exactement encore le fonctionnaire consent en réalité deux fois : lorsqu'il sollicite et lorsqu'il s'installe ; lorsqu'il sollicite, il consent à être nommé à une fonction déterminée, — percepteur par exemple ; et, lorsqu'il s'installe, il consent à être nommé à un poste déterminé — percepteur à Tours, par exemple. Et il y a tellement consentement qu'à tout moment le contrat peut être rompu, non pas seulement par la volonté de l'Etat qui supprime l'emploi, ou révoque l'employé, ou l'appelle à d'autres fonctions, mais encore par la volonté du fonctionnaire qui est toujours libre de donner sa démission ; il est vrai que la démission doit, en principe, être acceptée ; mais cette acceptation par l'Etat ne porte pas en réalité sur le fait même de la démission car il n'y a pas de pouvoir qui puisse obliger un individu à rester dans un emploi qu'il ne veut plus tenir ; mais sur des conditions accessoires, à savoir si l'employé démissionnaire jouira de l'honorariat et des avantages qui peuvent y être attachés.

En ce qui concerne le caractère unilatéral des conditions réglementaires faites au fonctionnaire, de ce qu'il est arrivé que l'Etat ait rendu pires, de sa seule volonté, les conditions primitivement faites, il ne s'ensuit pas qu'il n'y a pas eu contrat ; il arrive aussi que des patrons rendent pires, de leur propre autorité, les conditions d'embauchage ; qu'un contractant viole un contrat, cela prouve non pas qu'il n'y a pas eu contrat mais qu'il y a un contractant malhonnête. C'est principalement la désinvolture de certains patrons qui a poussé les ouvriers à se grouper en syndicats et à user du droit de grève ; ce n'est pas en déniant aux fonctionnaires le droit d'exiger le respect des contrats par eux passés avec l'Etat qu'on détournera ces fonctionnaires des voies que M. Hauriou considère comme dangereuses, mais bien plutôt en inculquant à l'Etat la conviction qu'il n'est pas au-dessus des contractants ordinaires et que sa souveraineté ne lui permet pas d'exploiter ni de tromper ceux qu'il emploie. Qu'importe, en effet, au point de vue du droit que ce soit l'Etat qui cont acte au lieu d'un particulier ; l'Etat qui contracte n'est pas différent du particulier qui contracte ; et comme le fait remarquer M. Planiol(1),

(1) PLANIOL, *Traité élémentaire de droit civil*, II, 1831 et 1899.

ce n'est pas le rôle économique du patron qui fait la nature juridique du contrat.

D'ailleurs, le fonctionnaire conscient de ses droits et décidé à ne pas se laisser injustement traiter a deux moyens d'empêcher qu'on lui impose des conditions contraires aux clauses contractuelles : le recours contentieux ou la démission. Mais le fonctionnaire qui n'emploie aucun de ces deux moyens apporte, en réalité, son consentement aux conditions nouvelles. Il se passe alors exactement ce qui a lieu en matière de conversion d'emprunts lorsque l'Etat, lié cependant vis-à-vis de ses créanciers, réduit l'intérêt de l'argent prêté ; le souscripteur qui ne se fait pas rembourser consent, par cela même, aux conditions nouvelles.

Au surplus, ce caractère unilatéral dont on a voulu faire une caractéristique du contrat passé par l'ouvrier avec le patron ou par le fonctionnaire avec l'Etat est en réalité commun à tous les contrats : est-ce que dans la vente, par exemple, la fixation du prix n'est pas un acte unilatéral ? est-ce que dans le bail, dont M. Gazin(1) fait un contrat parfait, la fixation du loyer et des conditions d'occupation de l'immeuble ne sont pas des actes unilatéraux ? C'est d'ailleurs le propre de l'offre qui est à la base de tout contrat de fixer des conditions émanant justement de la volonté unilatérale de celui qui offre. On dira que ces conditions ne sont qu'une offre et qu'elles sont modifiables au gré du demandeur ; sans doute, mais seulement jusqu'à un certain point, pour

(1) GAZIN, *loc. cit.*, p. 205.

la raison que celui qui offre ne continuera à offrir que jusqu'à la limite qu'il a fixée de sa seule autorité, suivant ses convenances personnelles ; et si le contrat se scelle c'est que le demandeur aura consenti à passer par ces exigences minima, qu'il aura, suivant l'expression de M. Saleilles, donné son « adhésion » à ces exigences. D'autre part, cette possibilité de discussion et d'atténuation des conditions primitivement fixées se retrouve, quoique avec une moindre mobilité, lorsqu'est en cause une institution, qu'il s'agisse d'une entreprise industrielle ou de l'Etat lui-même, en vertu du libre jeu de l'offre et de la demande à laquelle personne n'échappe. En ce qui concerne l'entreprise industrielle, elle maintiendra ses exigences premières jusqu'au moment où il lui faudra les atténuer pour trouver la main-d'œuvre sans laquelle elle péricliterait ; en ce qui concerne l'Etat, jusqu'au moment où il risquerait de ne plus trouver de fonctionnaires convenables pour assurer ses services ; et, notamment en ce qu concerne le recrutement par l'Etat des fonctionnaires militaires, jusqu'au moment où ce recrutement risquerait de devenir insuffisant. C'est ainsi que les soldes ont dû être augmentées, faute de quoi l'Etat aurait risqué de ne plus trouver personne qui aurait « consenti » à être officier ; ainsi que pour assurer le recrutement des gendarmes on a été amené à accorder à ceux-ci des majorations de soldes et de pensions dont ne jouit aucun autre militaire ; ainsi encore se pose un grave problème quant au maintien dans les cadres des médecins militaires qui ont une tendance de plus en plus marquée à quitter prématurément l'armée pour chercher dans l'exercice civil de leur profession une situation meilleure.

Les conditions premières faites par l'Etat lorsqu'il embauche un fonctionnaire n'ont donc rien d'immuable et sont soumises, à tout instant, au consentement des intéressés ; de sorte qu'il est injuste de reprocher aux fonctionnaires, comme l'a fait M. Clemenceau (1), de réclamer certaines améliorations, l'Etat sachant fort bien, lorsqu'il croit pouvoir se le permettre, diminuer les avantages primitivement consentis en opérant une véritable conversion des traitements ; ainsi a-t-il été fait à diverses reprises en ce qui concerne les comptables d'Etat — percepteurs, receveurs, trésoriers — qui avaient d'ailleurs, il est juste de le remarquer, des gains excessifs.

Quant au fait que l'ouvrier ou que le fonctionnaire n'ait pas été appelé à discuter directement et personnellement toutes les conditions du contrat, il ne nous paraît pas porter atteinte à l'existence de ce contrat. Si le contrat n'a pas été discut du tout, le patron ou l'Etat ne s'en sont pas moins préoccupé des aspirations de la main-d'œuvre ou du personnel puisque les conditions ont été fixées de façon à assurer un embauchage effectif qui, dès l'instant qu'il est effectif, implique comme nous l'avons montré, le consentement de l'ouvrier et du fonctionnaire. Si, au contraire, le contrat a été discuté par des délégations d'ouvriers ou de fonctionnaires,

(1) Réponse de M. Clemenceau au mémoire de la Fédération des syndicats d'instituteurs, 6 avril 1907.

il nous paraît absolument excessif d'invoquer, comme le fait M. Gazin, l'art. 1165 du Code civil pour prétendre que ces délégations n'ont pas pu lier les ouvriers ou fonctionnaires qui n'en faisaient pas partie. Car, aux termes même du Code civil, on peut être lié sans avoir personnellement traité soit en vertu de l'art. 1121 qui est d'ailleurs invoqué par l'art. 1165 lui-même, soit en vertu des art. 1998 et suivants relatifs au mandat (1).

Enfin l'objection tirée de l'absence de cahier des charges ne paraît guère supporter l'examen ; on ne voit d'ailleurs pas sur quelle règle de droit peut s'appuyer M. Hauriou pour faire de l'établissement d'un cahier des charges une formalité substantielle pour la validité des contrats ; d'autant qu'en ce qui concerne les fonctionnaires les conditions sont fixées par des lois et décrets dont la connaissance est présumée dès publication aux organes officiels (Code civil, art. 1). En outre, quand un citoyen demande à être nommé à une certaine fonction, comment prétendre que

(1) Code civil, art. 1165 : Les conventions n'ont d'effet qu'entre les parties contractantes ; elles ne nuisent point aux tiers et elles ne lui profitent que dans le cas prévu par l'art. 1121.

Art. 1121 : On peut pareillement stipuler au profit d'un tiers lorsque telle est la condition d'une stipulation que l'on fait pour soi-même ou d'une donation que l'on fait à un autre. Celui qui a fait cette stipulation ne peut la révoquer si le tiers a déclaré vouloir en profiter.

Art. 1998 : Le mandant est tenu d'exécuter les engagements contractés par le mandataire conformément au pouvoir qui lui a été donné. Il n'est tenu de ce qui a pu être fait au delà, qu'autant qu'il l'a ratifié expressément ou tacitement.

l'objet du contrat n'est pas déterminé ? est-ce que le citoyen ne sait pas quelle fonction il sollicite ? ni en quoi consiste cette fonction ? ni quel travail lui sera imposé ? Est-ce qu'il ne connaît pas son traitement de début ni son traitement d'avenir et les conditions d'avancement et les conditions de retraite ?

Ce qu'il faut, en réalité, pour qu'il y ait contrat, c'est que l'adhésion aux conditions offertes soit libre ; peu importe, au fond, que ces conditions soient plus ou moins avantageuses et que le demandeur ait été dans une certaine mesure obligé par les circonstances de contracter ; *coactus voluit sed tamen voluit* ; et le demandeur peut préférer être embauché à des conditions défectueuses que de n'être pas embauché du tout. « Et s'il me plaît d'être battue ? » C'est affaire de convenance personnelle. S'il fallait exiger que les parties fussent toujours dans une situation d'égalité absolue il n'y aurait jamais contrat ; parce qu'il n'y a peut-être pas un seul exemple d'un acheteur qui n'ait pas plus besoin d'acheter que le vendeur de vendre ; d'un locataire qui n'ait pas plus besoin de se loger qu'un propriétaire de louer ; d'un travailleur qui n'ait pas plus besoin de s'embaucher que l'institution de l'employer ou inversement. Et si nous devons tendre énergiquement à ce que les diverses catégories sociales soient situées les unes en face des autres dans une situation d'égalité aussi parfaite que possible, de façon qu'aucun intérêt ne puisse être sacrifié aux intérêts voisins, cela ne peut être qu'une tendance et tant que ce but idéal n'est pas atteint il n'en demeure pas moins que quand des êtres libres s'abouchent et traitent dans la plénitude de leur volonté, il y a contrats ; et ces contrats sont valables envers et contre tout tant qu'ils ne vont pas contre des lois d'ordre public ni contre les exigences de l'honnêteté fondamentale. Sinon interviennent la nullité et la rescision.

Pour qu'il n'y ait pas contrat, il ne suffit pas que les conditions soient coercitives, il faut qu'elles soient inéluctables. Or, aussi bien en ce qui concerne les rapports de l'ouvrier et du patron que ceux du fonctionnaire et de l'Etat, aucun règlement n'est inéluctable ; seuls sont inéluctables les rapports d'incorporation dans la société et c'est bien là ce qui fait, comme nous l'avons montré dans un précédent chapitre, que le contrat social est une vue erronée. Mais, pour tout ce qui est rapports de droit privé entre individus ou entre individus et institutions fussent-elles d'Etat, les rapports ont toujours un caractère nettement facultatif et la coercition n'intervient que si la volonté préalable de s'y soumettre s'est réalisée.

C'est ainsi qu'en ce qui concerne les rapports entre ouvriers et patrons la Cour de Cassation a pleinement adopté l'idée de règlement convention (1). De sorte que M. Moreau écrit (2) : « Entre les individus, le droit français actuel ne tolère plus les rapports d'autorité, de subordination et de hiérarchie ; il n'admet que des relations d'égalité dont la

(1) Cass., 12 nov. 1900, D. 1901. 1. 22 ; 22 mai 1901, S. 1901. 1. 264 ; 12 mars 1902, S. 1902. 1. 439 ; 22 juillet 1902, S. 1904. 1. 28 ; 16 mars 1903, S. 1903. 407.

(2) Moreau, *Le règlement administratif*, 1902.

force obligatoire découle des volontés concertées ». Et M. Gazin lui-même est obligé de reconnaître (1) : « Personne ne se trouve soumis à semblable règlement s'il ne consent à faire partie de l'institution à un titre quelconque fût-il passager, à entrer dans l'organisation ».

Et en ce qui concerne le droit public, M. Hauriou est obligé de dire (2) : « Les institutions ne se forment pas par convention mais elles reposent néanmoins sur un élément consensuel qui est l'adhésion à un état de choses... L'adhésion à un état de choses est l'élément consensuel propre à l'institution ».

*
* *

Au point de vue doctrinal, il semble donc bien que la situation des fonctionnaires soit contractuelle ; il n'est d'ailleurs pas possible de méconnaître en l'espèce l'avis des fonctionnaires eux-mêmes qui sont partie dans l'affaire et dont l'opinion a autant de poids que celle de l'Etat. Or comme l'écrivaient certains d'entre eux en 1907 dans une lettre ouverte à M. Clemenceau : « Les fonctionnaires vendent leur travail moyennant salaire. Simple échange de services ; rien de plus ». Si bien que, suivant la remarque de M. G. Cahen (3), « la notion de contrat a fini par péné-

(1) Gazin, *loc. cit.*, p. 108.
(2) Hauriou, *Principes de droit public*, 1910, p. 634.
(3) G. Cahen, *Les fonctionnaires, leur action corporative*, p. 316.

trer les rapports de l'Etat et de ses agents et, de telle façon, que le Conseil d'Etat lui-même, à propos d'un recours de postiers révoqués a jugé (1) que « c'est un contrat de droit public qui lie les fonctionnaires à l'Etat ».

Nous appliquerons donc cette conception à ceux qui ont bénévolement apporté à l'Etat leurs services militaires et dirons qu'ils sont liés à l'Etat par un contrat.

Quels sont ces militaires bénévoles ?

Ce sont les engagés volontaires, les engagés spéciaux, les rengagés, les commissionnés et les officiers de l'active.

Les engagés volontaires sont des hommes non libérés des obligations militaires mais qui, en s'engageant, soit par devancement d'appel soit pour un temps de service supérieur à celui pour lequel ils sont tenus, ont droit à certains avantages tels que choix du corps ou de l'arme, haute paie journalière et primes, préférence à la libération pour certains emplois civils.

Les engagés spéciaux sont des hommes libres de toute obligation militaire et qui s'engagent pour tenir dans l'armée et pour la durée de la guerre un emploi spécial de leur choix.

Les rengagés sont des militaires ayant quinze ans de service qui se rengagent par périodes d'une durée maximum de deux ans, sans qu'ils puissent rester au service passé 55 ans s'il s'agit de militaires de la gendarmerie, ou 50 ans s'il s'agit de militaires d'une autre arme.

(1) Conseil d'Etat, 7 août 1909, Winkel.

Les commissionnés sont des militaires qui ne sont plus liés au service par le rengagement et qui sont maintenus dans certains emplois par une commission. La commission diffère du rengagement en ce que le militaire commissionné n'est pas lié pour une durée déterminée. Il peut, en effet, donner sa démission quand il le juge à propos sauf en cas de guerre ; mais il ne peut quitter les drapeaux avant l'acceptation de cette démission. La commission peut lui être retirée si l'emploi qu'il occupe vient à être supprimé (1).

Les officiers de l'armée active proviennent ou bien des écoles spéciales militaires, ou bien des sous-officiers, ou bien des sous-lieutenants de réserve, ou bien, sous certaines conditions, des grandes écoles civiles.

Bien entendu la doctrine considère que tous ces militaires sont liés à l'Etat purement et simplement par des liens d'autorité ; mais cependant voilà que l'idée contractuelle tend à pénétrer sur le terrain militaire même. Tandis que Laferrière écrit, parlant des actes d'engagement (2) : « La doctrine y voit des actes administratifs malgré les éléments contractuels qui s'y associent » ; et que M. Dousset dit (3) : « l'acte de rengagement est comme l'acte d'engagement et malgré ses apparences contractuelles non un contrat proprement

(1) MANCEAU et NONY, *La nouvelle loi militaire*, Chapelot, 1913, p. 85. Mais la loi du 7 août 1913 (loi de 3 ans) a supprimé les commissionnés. Les militaires servant en cette qualité au moment de la promulgation de la loi conserveront cette qualité jusqu'à leur libération à moins qu'ils ne demandent à être rengagés.

(2) LAFERRIÈRE, *loc. cit.*, II, p. 558.

(3) DOUSSET, *loc. cit.*, p. 93.

dit mais un acte administratif » ; la Cour de Cassation voit dans l'engagement une convention librement consentie entre deux parties contractantes (1). Et, d'une façon vraiment inattendue, M. Hauriou qui, par sa théorie des actes de gouvernement et par sa conception réglementaire du fonctionnarisme s'est fait avec une grande force le gardien de l'autorité gouvernementale, en arrive sur ce terrain militaire où il semble cependant que l'autorité de l'Etat soit le plus facile à défendre et où par conséquent la thèse de l'accord contractuel pourrait être repoussée avec le plus de succès, M. Hauriou en arrive à déclarer que les engagements et rengagements « sont de véritables contrats » (2).

Il y a là une attitude vraiment paradoxale et, psychologiquement, il est permis de se demander si M. Hauriou n'a pas été amené à accepter cette idée d'engagements et de rengagements contractuels en vertu de sa théorie même des actes de gouvernement ; car c'est un fait qu'un gouvernement ne peut ériger en doctrine l'irresponsabilité pour certains de ses actes que s'il peut s'appuyer sur une armée fidèle ; et c'est un fait que tous les esprits à tendance autocratique sont intuitivement enclins aux plus grands ménagements et aux plus importantes concessions vis-à-vis de la force armée sans la sympathie de laquelle aucun acte de gouvernement ne saurait s'imposer.

D'autant que les motifs pour lesquels M. Hauriou concède

(1) Cass., D. P. 1879. 8. 113.
(2) Hauriou, *loc. cit.*, p. 615.

le caractère contractuel aux engagements et rengagements ne semblent pas très décisifs : il y aurait contrat parce que l'engagé signe un engagement devant le Maire et le rengagé devant le sous-intendant militaire. C'est donc un argument de pure forme qui convainct M. Hauriou, de même que c'étaient principalement des arguments de pure forme qui empêchaient M. Hauriou de reconnaître un caractère contractuel à la situation des fonctionnaires. Il ne faudrait pas cependant donner aux questions de forme une valeur prédominante dans les problèmes de droit ; et qu'importe après tout que certaines formes manquent, si sont réalisées des conditions de fait et de fond.

Quoiqu'il en soit, voici un point établi : les engagements et les rengagements sont des contrats. Il ne semble pas qu'il puisse y avoir de difficulté concernant les commissions puisque le commissionné est en réalité pourvu d'un emploi plutôt que d'une fonction. Reste la question des officiers. Ceux-ci ont au plus haut degré le caractère de militaires de carrière qu'ils partagent d'ailleurs avec tous ceux, engagés ou rengagés, qui servent au delà du temps de service actif imposé par la loi de recrutement (1).

(1) Il faut entendre par là le temps de service actif imposé par la loi sans y ajouter le temps de la réserve. Cela résulte d'une déclaration faite au Sénat par M. Meinadier, rapporteur de la loi du 17 août 1879 et d'arrêts du Conseil d'Etat des 17 juillet 1885 et 23 novembre 1889.

Doit donc être considéré comme militaire de carrière celui qui sert au delà de cinq ans dans l'armée active s'il est soumis à la loi de recrutement du 27 juillet 1872 ; trois ans s'il est soumis à la loi

Or s'il est vrai que l'officier ne signe pas un contrat devant le maire comme l'engagé ni devant le sous-intendant comme le rengagé il a du moins, plus peut-être que tout autre fonctionnaire, un grade, une fonction, une solde, un avancement, une retraite institués dans des conditions nettement déterminées et c'est pour tout ce que ces conditions comportent d'avantages honorifiques et pécuniaires qu'il prend le métier des armes. Cela est si net que M. Dousset qui, cependant, n'est pas partisan de l'extension de l'idée de contrat au fonctionnarisme, écrit (1) parlant des militaires de carrière : « les autres militaires, de leur plein gré, cherchent à retirer de la carrière des armes le plus possible d'avantages honorifiques et pécuniaires. Ces derniers connaissent les risques qu'ils ont à courir et la façon dont ils sont assurés par l'Etat contre eux ; ils en ont accepté spontanément les conditions ». Et M. Masse écrit : (2) « La loi de 1831 repose donc sur l'idée de contrat passé par l'Etat avec le militaire ».

Donc, dans le cas de militaires bénévoles, militaires de carrière ou simples engagés, puisqu'il y a contrat, il n'y a pour la réparation des infirmités d'autres obligations de l'Etat que celles résultant des clauses librement posées par celui-ci et librement acceptées par le militaire. Il appartient à l'Etat de fixer les taux d'indemnité comme il l'entend, de

du 15 juillet 1889 ; deux ans suivant la loi du 21 mars 1905 ou trois ans suivant la loi du 7 août 1913.

(1) Dousset, *loc. cit.*, p. 13.

(2) Masse, *loc. cit.*, p. 28.

même qu'il fixe les soldes, les bénéfices de campagnes, etc. Ceux qui considéreront ces avantages comme satisfaisants, entreront dans le métier militaire et se trouveront ainsi soumis aux clauses du contrat ; ceux qui les considéreront comme défectueux tourneront leur activité d'un autre côté. L'Etat devra seulement se préoccuper de fixer des avantages suffisants pour ne pas tarir le recrutement qui lui est nécessaire.

Au fond, par conséquent, n'importe quel système d'évaluation de l'indemnité serait acceptable. Nous n'avons pas en effet à nous préoccuper des conditions dont l'Etat et le militaire ont fait un accord contractuel, dès l'instant qu'il s'agit vraiment d'un accord contractuel et que l'Etat n'a pas abusé de sa situation d'Etat pour faire prévaloir des conditions injustes. Or, les conditions de l'Etat sont offertes sous le couvert de la législation ; elles sont fixées par des textes, lesquels sont officiellement publiés et celui qui les accepte le fait en pleine connaissance de cause et sans contrainte. L'accord établi dans ces conditions doit donc être tenu pour valable quel qu'il soit. Nous rechercherons cependant, à propos de l'évaluation juridique de la réparation, si les conditions offertes par l'Etat ont un caractère satisfaisant ou si l'Etat, mieux inspiré, n'eût pas dû en offrir d'autres.

2° *Militaires appelés.*

Prestation. Réquisition. Conservation de la chose nationale.

Lorsque des citoyens sont appelés sous les drapeaux en vertu d'une obligation légale, il y a mainmise de l'autorité publique sur la liberté individuelle. Ils sont incorporés en vertu d'un ordre d'appel ; ils ne sont pas libres de ne pas répondre à cet ordre. Une fois incorporés, ils sont encasernés et doivent obéir à tous les ordres qui leur sont donnés « sans discussion ni murmure », c'est-à-dire passivement ; ils n'ont pas le droit d'abandonner le poste qui leur est assigné ; ils n'ont pas le droit de quitter l'armée sans avoir été préalablement libérés ; ils ne sont plus maîtres de leur personne.

Les manifestations les plus normales de la liberté individuelle deviennent insoumission, absence illégale, abandon de poste, désertion et entraînent des sanctions, non pas seulement disciplinaires, mais pénales et d'une sévérité voulue (1). L'individu est devenu, juridiquement parlant, « la chose » de l'autorité militaire ; on peut « user » et « abuser » de lui ; on accapare sa liberté et son travail en dehors de son consentement ; il peut être détérioré et, dans ce cas, il n'est pas libre de se faire soigner où il veut, ni par qui il désire, ni comme il l'entend ; il peut être détruit ;

(1) Abandon de poste : 2 mois à 1 an de prison ; ou 2 à 5 ans de travaux publics, ou la mort (art. 211 à 214, Code just. mil).

Désertion : 2 à 5 ans de prison ; ou 2 à 5 ans de travaux publics ; ou la mort avec dégradation militaire (art. 231, 232, 233, 235, 236 238, 239, 241, Code just. mil.).

Insoumission : 1 mois à 5 ans de prison (art. 230, Code just. mil.).

Refus d'obéissance : 1 an de prison ; ou 5 à 10 ans de travaux publics ou la mort avec dégradation militaire (art. 218, Code just. mil.).

Violation de consigne : 2 mois de prison ; ou de 5 à 20 ans de détention (art. 219, Code just. mil.).

c'est, suivant l'expression d'Alfred de Vigny et dans toute la force du terme, « l'abnégation complète de soi-même » (1).

(1) Vigny parle de « servitude ». Le terme nous paraît impropre à tous égards. Dans le service militaire, comme dans la servitude, il y a bien une abnégation complète de soi ; mais, dans la servitude, en vertu d'une violence sur l'individu, contraint par un plus fort d'aliéner sa liberté. Dans le service militaire, cette aliénation de la liberté, cette abnégation complète de soi est, au fond, voulue : pour le militaire de métier, qui s'est bénévolement voué à la carrière des armes, elle est explicitement et formellement voulue ; pour le militaire appelé, il y a une obligation mais fondée sur la loi et à laquelle, par conséquent, notre peuple qui fait les lois s'est, en dernière analyse, délibérément soumis. C'est le fait qu'en fin de compte le service militaire est toujours voulu qui en constitue la « grandeur », comme disait Vigny parlant des armées de métier « non identifiées à la nation ».

Servir ! admire Lavedan en face de nos armées nationales modernes. Le terme de servitude est inexact ; le terme de servir est juste. Il y a service militaire et non servitude militaire.

Il est vrai que les conditions du service ont changé. M. H. Bérenger (*La conscience nationale*, Armand Colin, 1898) écrit : « Si la discipline reste un esclavage brutal, elle provoquera la révolte, le dégoût, l'ironie ou l'hypocrisie. Elle sera un dissolvant plutôt qu'un lien..... C'est l'adhésion volontaire du subordonné au chef, c'est la confiance réciproque de l'officier et du soldat, c'est le sentiment très net de leur solidarité patriotique dans la collaboration professionnelle qui, de plus en plus, feront la force principale des armées ». Et le Général XXX (« Ordonnances et règlements », *Revue de Paris*, 15 août 1906) s'exprime ainsi : « A la conception du soldat instrument se substitue celle du collaborateur intelligent et dévoué. Au lien de discipline qui suffisait aux armées de métier, s'ajoute le lien intellectuel et moral qui convient mieux à une nation armée, au caractère français ».

Oui, mais tout cela n'a pas grande importance pour le sujet qui nous occupe ; que la situation morale de nos jours soit meilleure

Il est donc à peine besoin de formuler qu'une pareille situation est absolument incompatible avec toute idée contractuelle puisque le militaire appelé est incorporé d'autorité et en dehors de son consentement. Comme dit M. Dousset (1), pour ceux qui sont « militaires provisoirement et par nécessité, toute période n'est qu'une entrave temporaire à la vie normale et dont ils ont hâte de s'affranchir ».

Il y a donc là une très importante exception au principe fondamental d'inviolabilité de la liberté individuelle et, pour en déterminer l'exacte valeur juridique, il convient de rapprocher cette exception d'autres exceptions analogues.

Notre déclaration des droits de l'homme pose, dans son article 2, deux principes essentiels : le droit de l'individu à la propriété et le droit de l'individu à la liberté. L'inviolabilité de la propriété individuelle est, en outre, expressément consacrée par l'article 17 et l'inviolabilité de la liberté individuelle par l'article 4 de cette déclaration (2).

que sous les anciens régimes, cela n'empêche que l'abnégation de soi reste la qualité première du soldat. Il suffit de voir d'ailleurs combien, pendant cette guerre, ont été mutilés ou tués pour comprendre qu'aujourd'hui plus que jamais la présence sous les drapeaux signifie le sacrifice total de son être.

(1) Dousset, *loc. cit.*, p. 13.

(2) Déclaration des droits de l'homme :

Art. 2. — Le but de toute association politique est la conservation des droits naturels et imprescriptibles de l'homme. Ces droits sont la liberté, la propriété, la sûreté et la résistance à l'oppression.

Art. 4. — La liberté consiste à faire tout ce qui ne nuit pas à autrui ; ainsi l'exercice des droits naturels de chaque homme n'a de

Mais, et aux termes de la déclaration des droits, lorsque l'intérêt général l'exige, des dérogations à l'inviolabilité de la propriété ou de la liberté sont possibles à la condition formelle que ces dérogations soient prévues par la loi. Ainsi, concernant la propriété, il peut y avoir, sur cette propriété, mainmise de l'autorité publique par l'expropriation, suivant les règles posées par la loi du 3 mai 1841 ; ou par la réquisition, suivant la loi du 3 juilllet 1877 ; l'individu frustré de son bien a droit à une indemnité préalable en cas d'expropriation (1), subséquente en cas de réquisition.

Concernant la liberté individuelle, il peut y avoir, sur cette liberté, mainmise de l'autorité publique, en dehors bien entendu des dispositions pénales privatives de liberté, dans trois ordres de circonstances : en cas de prestation, de réquisition ou d'appel sous les drapeaux. Mais, entre la

bornes que celles qui assurent aux autres membres de la société la jouissance de ces mêmes droits. Ces bornes ne peuvent être déterminées que par la loi.

Art. 17. — La propriété étant un droit inviolable et sacré, nul ne peut en être privé si ce n'est lorsque la nécessité publique légalement constatée l'exige évidemment et sous la condition d'une juste et préalable indemnité.

Le Code civil, art. 545, dit également : « Nul ne peut être contraint de céder sa propriété si ce n'est pour cause d'utilité publique et moyennant une juste et préalable indemnité ».

(1) Il n'y a que pour le logement chez l'habitant et le cantonnement que la réquisition, suivant l'art. 15 de la loi du 3 juillet 1877, ne donne pas droit à indemnité. Mais cette exception ne porte pas atteinte au principe même qui est le droit à indemnité.

privation de liberté et l'expropriation, existent deux différences fondamentales ; d'une part, alors que l'expropriation est définitive, la privation de liberté est toujours temporaire ; d'autre part, alors que l'expropriation donne toujours lieu à indemnité préalable, en cas de privation de liberté l'indemnité n'est jamais que subséquente et parfois même aucune indemnité n'est due.

Cette question d'indemnité est capitale : elle permet de diviser les privations de liberté en deux types : la prestation qui ne donne pas lieu à indemnité et la réquisition qui donne lieu à indemnité.

Quant à l'appel sous les drapeaux, il appartient tantôt au premier, tantôt au deuxième type.

Le droit de l'autorité publique d'exiger des prestations est posé par la loi du 21 mai 1836 ; il s'agit de travaux que doivent exécuter les contribuables de la commune pour l'entretien de certains chemins ; le maximum exigible des prestations en nature est fixé à trois journées de travail ; donc, pendant trois jours au maximum, le contribuable cesse d'être libre et doit fournir son travail à la commune à titre d'impôt.

En fournissant cet impôt, le contribuable se libère d'une dette et il ne peut par conséquent pas être question de lui allouer aucune indemnité en compensation du travail qu'il a fourni.

Le droit de l'autorité publique de disposer de l'activité individuelle par voie de réquisition est reconnu à l'autorité militaire par la loi du 3 juillet 1877 ; l'art. 5 paragraphe 8 de cette loi dispose en effet que « l'autorité militaire peut requérir les guides, les messagers, les conducteurs ainsi que les ouvriers pour tous les travaux que les différents services de l'armée ont à exécuter ». L'individu requis doit exécuter les travaux qui lui sont prescrits ; mais en vertu de l'article 2 de la loi de 1877, il a droit à des indemnités représentatives de la prestation.

Le droit d'appel sous les drapeaux est confié à l'autorité publique par les lois de recrutement et de mobilisation (1).

En vertu de la loi de recrutement, le Ministre de la Guerre est autorisé à convoquer sous les drapeaux, pour l'exécution du service actif ou de réserve, les hommes remplissant certaines conditions d'âge et de validité.

Nous avons précédemment indiqué (2) que les diverses lois de recrutement, malgré que les principes révolutionnaires aient envisagé le service militaire comme un impôt, avaient déterminé les conditions du service de façon à tenir nombre d'individus en dehors des charges de cet impôt ; et qu'il fallut attendre la loi de recrutement du 21 mars 1905 pour que cet impôt fût effectivement et légalement réparti sur tous les citoyens.

Ne subsistent plus aujourd'hui comme cause d'exemption que des incapacités physiques, exactement comme sont exemptés de la prestation en nature les contribuables phy-

(1) Loi de recrutement : 7 août 1913. Loi de mobilisation : 24 juillet 1873, titre III.

(2) *Supra*, p. 38.

siquement inaptes à travailler (1). C'est donc avec raison que M. Dousset écrit (2) : « La nature de l'obligation du service militaire est une prestation de temps et de peine à l'accomplissement de laquelle tout citoyen peut être forcé par la contrainte ».

Le service militaire est bien un impôt : impôt en nature du genre de la prestation. Ce rapprochement entre le service militaire et la prestation en nature devient plus saisissant si l'on considère, d'une part, que la prestation peut être remplacée par le paiement d'une somme d'argent suivant un tarif adopté annuellement par le Conseil Général sur la proposition des conseils d'arrondissement (3) ; et que, d'autre part, sous le régime de la loi de recrutement du 15 juillet 1889 le service militaire pouvait être suppléé par le paiement de la taxe militaire (4). Il y a similitude dans les deux cas : obligation d'un impôt en nature d'une consistance définie, et convertible sous certaines conditions en impôt en argent d'une quotité déterminée.

(1) Conseil d'Etat, 18 janvier 1860. R. verbo, Voirie par terre, 735, 3°; 30 juillet 1886, D P. 87. 5. 67; 22 nov. 1889, *Rec. Cons. Etat*, p. 1050; 11 nov. 1892, *ibid.*, p. 741.

(2) Dousset, *loc. cit.*, p, 85.

(3) Loi du 21 mai 1836, art. 4 et loi du 10 août 1871, art. 49, § 7.

(4) Loi du 15 juillet 1889, art. 35 : « Sont assujettis au paiement d'une taxe militaire les jeunes gens compris dans la liste de recrutement cantonal qui bénéficient d'une exonération totale ou partielle de service dans l'armée active soit par suite de dispense, d'ajournement non suivi d'exemption, de classement dans les services auxiliaires, d'envoi en disponibilité, soit d'inscription différée sur les tableaux de recensement dans les cas autres que celui d'omission ».

Aujourd'hui, la convertibilité en impôt pécuniaire subsiste pour la prestation en nature et a disparu pour le service militaire ; mais il reste encore ces analogies fondamentales : que le service militaire s'applique à tous les citoyens comme les prestations ; qu'il y a une aptitude physique pour le service militaire comme pour la prestation ; que celui qui effectue son service militaire se libère d'une dette comme celui qui effectue sa prestation. Et, par conséquent, pour le temps passé au service, il n'y a pas plus lieu à indemnité que pour le temps consacré à la prestation.

*
* *

La doctrine ne fait aucune différence entre l'appel sous les drapeaux en vertu du recrutement et l'appel sous les drapeaux en vertu de la mobilisation, tous deux assimilés à un impôt sous la dénomination coutumière d'impôt du sang, impropre comme nous l'avons montré.

Il convient de déterminer très exactement la situation du mobilisé.

En vertu des dispositions législatives spéciales, le pouvoir exécutif est autorisé, pour mobilisation, à appeler les citoyens sous les drapeaux, par décret. Ici, il ne s'agit plus pour le citoyen de s'acquitter d'un impôt dont le montant est préalablement déterminé, mais de coopérer, sans condition de temps, à l'accomplissement d'une œuvre impérieuse : la défense du territoire ; et, tant que le but fixé n'est pas atteint ou tant qu'il n'a pas été décidé de renoncer à l'atteindre, l'homme reste mobilisé.

Nous trouvons donc dans la mobilisation les caractéristiques essentielles de la réquisition : mainmise de l'autorité militaire sur la liberté individuelle pour l'exécution d'un travail urgent.

Mais alors, si la mobilisation apparaît comme une opération de réquisition, le citoyen mobilisé doit pouvoir prétendre à indemnisation, suivant la règle posée par la loi de 1877 (1).

Or l'allocation à certains mobilisés de diverses indemnités, la conservation du traitement civil à d'autres mobilisés et le maintien de certains mobilisables dans leurs fonctions civiles constituent à ces bénéficiaires une situation de fait absolument assimilable à celle de l'homme requis et indemnisé.

(1) Il est intéressant de constater que M. Hauriou, dans son *Traité de droit administratif et public*, traite du recrutement dans un chapitre qu'il intitule « La réquisition des hommes et du personnel » ; il semble, d'ailleurs, qu'agissant ainsi, M. Hauriou n'ait pas eu présente à l'esprit la différence de droit qui distingue la réquisition de la prestation ; d'autant qu'il parle de réquisition à propos du recrutement qui est une prestation et non de la mobilisation qui est une réquisition. Il est vrai que certains auteurs tendent à rapprocher la réquisition de la prestation en considérant que la réquisition, comme la prestation, est un véritable impôt puisque l'indemnité de réquisition transforme la réquisition en contribution à la charge de tous les contribuables. Cette conception tire son origine de la déclaration faite à la Chambre par le rapporteur de la loi de 1877 : « La loi doit assurer au citoyen la rémunération de ce qu'il a fourni afin que les charges sociales entraînées par la défense de la patrie soient également réparties sur tous ». Mais M. Hauriou hésite à se rallier à cette façon de voir (*Traité de droit administratif*, p. 602). Consulter à ce sujet Rixens et Marchant, *Réquisitions militaires*, Fournier, 1916, p. 146.

Quant au premier point — allocation d'indemnités à certains mobilisés — la loi du 21 mars 1905 institua, au profit des familles nécessiteuses des réservistes et territoriaux, une indemnité journalière de 0 fr. 75 avec majoration de 0 fr. 25 par enfant de moins de 16 ans à la charge du soutien de famille mobilisé ; puis la loi du 7 août 1913 porta l'indemnité journalière à 1 fr. 25 et la majoration d'enfant à 0 fr. 50 ; il ne s'agissait jusqu'alors que d'allocations charitables données dans un but d'assistance à des familles que l'absence du soutien menaçait de plonger dans la misère et attribuables seulement pour les périodes accomplies dans la réserve ou dans l'armée territoriale et non pour le service actif. Mais interviennent le décret du 2 août et la loi du 5 août 1914 qui étendent le bénéfice de cette indemnité de la loi de 1913 à toutes les familles nécessiteuses des soutiens de familles présents sous les drapeaux au compte de l'active, de la réserve et de la territoriale, pour toute la durée de la guerre et quel que soit le sort du militaire ; puis la loi de finances du 31 mars 1917 porte la majoration d'enfant à 0 fr. 75 (1) ; enfin cette même loi de finances du 31 mars 1917 attribue la haute paie aux hommes de troupe qui n'ont pas la solde mensuelle et des indemnités spéciales aux militaires directement engagés dans les combats.

Ces textes successifs aboutissent véritablement à concéder une indemnité de réquisition pour tout le temps que les mobilisés sont empêchés par le service militaire de subve-

(1) Loi du 31 mars 1917, art. 10, *Journ. off.*, 1er avril 1917.

nir à leurs charges de famille ; supposons, en effet, un travailleur ayant une femme et trois enfants et touchant, en temps de paix, un salaire moyen de 5 francs par jour, soit pour 300 jours ouvrables 1.500 francs par an ; ce travailleur étant mobilisé comme simple soldat, par exemple, les sommes touchées par le chef de famille mobilisé, d'une part, et par la femme et les enfants, d'autre part, représentent :

Solde journalière 0 fr. 25 soit, par an	91 fr. 25
Haute paie journalière 0 fr. 20 soit, par an	73 fr.
Allocation journalière à la femme 1 fr. 25 soit, par an.	457 fr. 25
Majorations pour enfants 0 fr. 75 par enfant soit, pour 3 enfants 2 fr. 25 par jour, et, par an..............	821 fr. 25
Total........	1442 fr. 75

La somme versée pendant le temps de présence sous les drapeaux est donc, dans l'exemple moyen choisi, sensiblement égale au manque à gagner du fait de la mobilisation. Et si l'indemnité est portée comme il en est question à 1 fr. 50 pour la femme et à 1 franc par enfant, la somme totale servie dans l'exemple précédent atteindra 1806 fr. 75 soit le salaire de 300 jours de travail à 6 francs par jour. Et encore nous n'avons pas compté ni que l'homme n'a plus à être entretenu par son foyer, ni l'indemnité de combat qui est de 1 franc par jour (1).

Quant au second point — conservation du traitement civil à certains mobilisés — si les fonctionnaires et employés

(1) Décret du 11 avril 1917, art. 7, *Journ. off.*, 20 avril.

civils de l'État sont assurés de toucher, en tant que mobilisés et quel que soit leur grade, une somme au moins égale à leurs appointements du temps de paix (1), on peut considérer que ces appointements conservés prennent bien, en l'espèce, l'allure d'indemnités de réquisition.

Quant au troisième point, — maintien de certains mobilisables dans leurs fonctions civiles — certains mobilisables, dans l'intérêt de la défense nationale sont ou bien placés en sursis d'appel et maintenus d'autorité dans leurs professions civiles ; ils conservent alors leurs salaires normaux mais passent sous la discipline militaire ; ou bien mobilisés et placés dans des usines comme militaires n'ayant droit qu'à la solde militaire (2).

(1) Suivant la loi du 5 août 1914 (*Journal off.*, 6 août) les fonctionnaires et employés civils de l'État ayant satisfait aux obligations de la loi de recrutement :

1° S'ils sont officiers ou sous-officiers à solde mensuelle, si leur solde militaire est inférieure à leur solde civile, touchent, de la guerre la solde militaire et de l'administration civile le complément nécessaire pour amener le total des appointements au montant de la solde du temps de paix ;

2° S'ils ne sont pas officiers ou sous-officiers à solde mensuelle, conservent leur traitement civil intégral.

Remarquez que la loi s'applique uniquement aux fonctionnaires ayant satisfait aux obligations du recrutement; cette disposition justifie la distinction que nous avons faite entre le service exigé par le recrutement et le service exigé par la mobilisation ; le premier ayant la valeur d'une prestation, c'est-à-dire d'un impôt, aucune indemnité n'est due ; le second ayant la valeur d'une réquisition, il y a lieu à indemnité, en l'espèce à la conservation du traitement civil.

(2) Voir à ce sujet notamment l'inst. du 17 juin 1915, B.O.E.M., vol. LXV.

Les uns et les autres contribuent évidemment à la défense nationale puisqu'ils sont chargés de pourvoir à des services indispensables d'administration publique, de transports ou de ravitaillement, mais il n'en est pas moins vrai que, sous couvert d'une mobilisation sur place ou d'un sursis d'appel, ils se trouvent satisfaire aux obligations militaires tout en assurant des services qui n'ont pas, par eux-mêmes, un caractère militaire. Ils sont donc plutôt à la disposition de l'autorité militaire que militaires. Et, dans ces conditions, ils apparaissent bien comme des citoyens requis; d'autant que pour ceux d'entre eux qui sont détachés dans leurs professions comme civils à la disposition du Ministre de la Guerre, tout se passe en réalité comme s'ils étaient indemnisés puisqu'ils conservent le bénéfice de leur activité; on peut considérer, en effet, que le montant de l'indemnisation est égal au salaire ou au profit dont le mobilisé garde la libre et entière disposition. Et même cette indemnisation correspond d'une façon mathématiquement parfaite au quantum fixé par l'article 2 de la loi du 3 juillet 1877, puisque cet article veut que l'indemnité soit représentative de la valeur de la prestation et que le salaire ou profit correspondent évidemment à l'effort fourni par le mobilisé dans la profession qui lui est habituelle.

Il nous paraît donc ressortir nettement des considérations précédentes que la mobilisation, quoique considérée en doctrine comme un impôt et assimilable par conséquent à la prestation, correspond, au contraire, en droit, à la réquisition et tend, en fait, à s'y assimiler. Il est vrai que l'assimilation est loin d'être constante ni parfaite : que les allocations, par exemple, quoique distribuées avec une extrême largesse, sans cesse croissante à mesure que la mobilisation se prolonge et que le service militaire prend un caractère plus accentué de réquisition sans limite, ne sont pas attachées au principe même de la mobilisation et dépendent encore de conditions accessoires de fortune ; que ces allocations, d'autre part, sont d'un taux absolument arbitraire, sans rapport par conséquent avec les prescriptions de l'art. 2 de la loi de 1877. Mais l'évolution de la mobilisation n'en est pas moins saisissante, allant de la prestation vers la réquisition, et, si cette évolution doit se poursuivre, il faut prévoir que l'allocation finira par être attachée à la mobilisation comme l'indemnité à la réquisition et même que l'allocation pourra être différente d'un mobilisé à l'autre, suivant le manque à gagner qu'il s'agira de compenser. Si étonnant que puisse paraître à première vue ce terme final de l'évolution, il faut considérer cependant qu'il est dès aujourd'hui partiellement atteint, du fait que les fonctionnaires mobilisés jouissent, en tout état de cause et quel que soit leur grade, d'une solde qui ne peut pas être inférieure à leur solde civile.

Il est donc faux de prétendre, comme le fait M. Dousset (1),

(1) Dousset, *loc. cit.*, p. 35. On peut s'étonner d'autant plus d'une telle opinion que M. Dousset, ainsi que nous l'avons signalé, parle du service militaire comme d'une prestation. Mais, ce faisant, M. Dousset n'attache vraisemblablement pas à ce terme plus d'importance juridique que M. Haurlou, classant le service militaire

qu'entre le citoyen qui s'acquitte du service militaire et l'Etat « il ne survient aucune relation juridique particulière ». Suivant qu'il s'agit du service militaire lié au recrutement ou du service militaire lié à la mobilisation, le soldat apparaît en face de l'Etat dans la situation d'un citoyen prestataire ou d'un citoyen requis. Dans les deux cas, les rapports avec l'Etat sont des rapports d'autorité et la différence de situation correspond seulement à des moments différents de l'obligation militaire.

*
* *

La situation juridique du militaire appelé étant définie par la prestation en cas de service militaire normal et par la réquisition en cas de mobilisation, à quoi ce militaire pourra-t-il prétendre s'il devient infirme au service ?

Il convient de se référer à la situation du prestataire ou

dans les réquisitions, n'en attache au terme réquisition. D'ailleurs, M. Dousset ne pouvait attribuer à l'attitude de prestataire du citoyen mobilisé une valeur exceptionnelle quelconque, puisqu'il n'aperçoit pas de différence juridique essentielle entre la situation civile et celle du soldat.

M. Dousset écrit en effet : « Le citoyen civil, si nous pouvons employer cette expression, en devenant citoyen soldat passe seulement de l'administration civile sous l'administration militaire »... Voilà une conception vraiment singulière ; un civil n'est en aucune façon « sous » l'administration civile ; il doit évidemment obéir aux règlements en vigueur ; mais enfin, sous cette réserve, il est libre ; libre de sa personne et de son activité. Le militaire n'est plus libre. Voilà la différence.

du citoyen requis blessés au cours de la prestation ou de la réquisition.

Les prestataires blessés ne peuvent invoquer la loi de 1898 sur les accidents du travail (1), puisqu'une des conditions essentielles d'application de cette loi est qu'il y ait entre l'employeur et l'employé un lien contractuel (2), et qu'aucun lien contractuel n'existe entre le prestataire et la commune ; « les prestataires ne sont pas des ouvriers dans le sens de la loi de 1898 car les prestations sont un service public sans contrat de louage d'ouvrage entre les contribuables qui les exécutent et les communes qui les requièrent » (3).

« Si donc les prestataires n'ont pas contre la commune (ou contre le Préfet représentant plusieurs communes intéressées) l'action contractuelle et notamment l'action basée sur les lois relatives aux accidents professionnels, c'est qu'à leur égard la commune n'est pas une partie contractante mais bien un tiers. Il en résulte logiquement que si, néanmoins, ils subissent dans l'exécution des prestations un préjudice par le fait et la faute de cette commune, ils peuvent lui en demander réparation de la même manière qu'ils le pourraient à l'égard d'un tiers quelconque et conformé-

(1) Avis Comité cons. des assur. contre les acc. du travail, 29 nov 1899. *Bull. int.*, 1899, p. 384 ; circ. min. int., 20 nov. 1900. *Bull. int.* 1900, p. 414 ; Cass. civ., 25 juillet 1907, S. 1907. 1. 415).

(2) Cass., 2 déc., 1901, S. 1902. 1. 181 ; 27 juillet 1903, S. 1905. 1. 270.

(3) SACHET, I, n° 188.

ment au principe émis dans l'article 1382 du Code civil (1) ». La responsabilité de la commune est donc engagée suivant le droit commun et il appartient au prestataire de faire la preuve de la faute de la commune (2).

Concernant le citoyen requis, diverses situations sont à envisager :

1er cas : Un citoyen est requis par l'autorité militaire d'exécuter un travail sous la surveillance de préposés militaires ; s'il est blessé pendant son travail, il ne peut évidemment pas se réclamer de la loi de 1898 puisqu'il y a entre le citoyen et l'Etat des liens d'autorité et non contractuels. Il est vrai que le citoyen sera payé pour son travail et que, si le prix offert ne lui convient pas, il pourra se pourvoir devant les tribunaux ; mais cet élément de salaire pouvant être débattu n'est pas suffisant pour constituer entre l'Etat et l'homme requis un lien contractuel ; d'autant, comme nous l'avons vu, que l'évaluation de l'indemnité n'est pas préalable à l'exécution de la réquisition. Il faut donc conclure avec M. Jadé (3) : « L'ouvrier requis n'est pas libre de refuser le travail ; s'il tentait de se dérober à l'ordre qu'il reçoit de l'autorité militaire, il se verrait appliquer les sanctions rigoureuses prévues par l'art. 21 de la

(1) Vathaire, in *Revue du Contentieux des travaux publics*, t. XXVIII, p. 2 ; voir également sur ce sujet Rabany et Monsarrat, *Traité pratique de la voirie vicinale, rurale et urbaine*, I, p. 116.

(2) Conseil d'Etat, 8 mars 1907, commune Félix Faure, *Revue gén. d'adm.*, 1908, I, p. 283 ; 7 août 1909, affaire Périnet.

(3 Jadé, *Les accidents du travail pendant la guerre*, Giard et Brière, 1917, p. 96.

loi du du 3 juillet 1877 et qui peuvent comporter, en temps de guerre, un emprisonnement de dix jours à cinq ans dans les termes de l'art. 194 du Code de justice militaire. Dans ces conditions, nous pensons qu'il ne pourrait obtenir de l'Etat l'indemnisation des accidents dont il serait victime au cours de l'exécution de la prestation qu'en vertu des règles du droit commun en matière de responsabilité (1) ».

2e cas : Un citoyen est requis de continuer à travailler dans l'établissement où il travaille habituellement. Il n'y a rien de changé aux conditions habituelles du travail et, par conséquent, l'intéressé sera couvert des accidents suivant la loi de 1898 si l'établissement où il travaille y est assujetti, ou suivant le droit commun au cas contraire.

3e cas : Un citoyen est mis d'office, du fait de la réquisition, à la disposition d'un établissement. M. Jadé (2) pense que l'Etat n'a fait, en l'espèce, que jouer le rôle d'embaucheur pour le compte d'autrui ; que, par conséquent, il y a, entre le citoyen requis et le patron, contrat de travail et que la loi de 1898 serait applicable.

Cette opinion nous paraît contestable, du moins dans la forme générale où elle est exprimée ; parce qu'enfin pour qu'il y ait contrat de travail il faut, avant tout, que le pa-

(1) M. Jadé *(loc. cit*, p. 99) signale que, cependant, l'administration de la guerre estime que les ouvriers requis sont placés sous le régime du contrat de travail lorsqu'ils exécutent les réquisitions sous l'autorité de préposés de l'Etat. Elle adopte la même solution pour le règlement des accidents occasionnés par le feu de l'ennemi et par conséquent règle les indemnités suivant la loi de 1898.

(2) Jadé, *loc. cit.*, p. 97.

tron ait le libre choix de son personnel et que l'ouvrier ait également le libre choix de son patron; or, dans l'espèce, non seulement l'ouvrier est contraint de travailler dans un établissement qui n'est pas de son choix, mais encore le patron est contraint d'accepter un personnel qu'il n'a pas choisi et qu'il n'aurait peut-être pas embauché s'il avait été libre de choisir. Il semble que, dans ce cas, le droit commun seul soit applicable. Au contraire, si la main-d'œuvre a été sollicitée par le patron auprès de l'autorité militaire, tous les éléments du contrat de louage d'ouvrage se trouvent réunis : l'accord des parties, le salaire, la subordination au chef d'entreprise ; et c'est alors la loi de 1898 qui s'applique (1).

En résumé, dans tous les cas, le citoyen requis est couvert contre les accidents possibles soit en vertu de la loi de 1898 si celle-ci est applicable, soit par le droit commun en cas contraire. Et, en outre, bien entendu, dans tous les cas également, la responsabilité de l'Etat suivant le droit commun est engagée si l'Etat a prescrit l'exécution de la réquisition dans des conditions augmentant les risques normaux du travail à accomplir, en obligeant, notamment, à travailler sous le feu de l'ennemi.

Ces principes étant posés, dans quelle situation se trouvera le militaire blessé ?

En cas d'accomplissement du service militaire normal,

(1) Dans ce sens, SACHET, *Traité théorique et pratique de la législation sur les accidents du travail*, 4e édition Larose et Tenin, 1906, I, p. 110.

puisqu'il s'agit d'une prestation, l'Etat sera responsable des infirmités survenues par sa faute, suivant l'article 1382 du Code civil.

Le Conseil d'Etat, d'ailleurs, par son arrêt dans l'affaire Auxerre (1), a sanctionné cette manière de voir.

Mais, lorsqu'il s'agit du service militaire dérivant de la mobilisation, il ne s'agit plus de prestation mais de réquisition (2) et le mobilisé doit encore tirer son droit du droit commun. Par conséquent, qu'il s'agisse du service militaire normal ou du service de mobilisation, c'est l'article 1382 du Code civil qui doit jouer en cas d'infirmité imputable au service ; c'est-à-dire que l'Etat est tenu à réparation, non pas seulement pour ses fautes, mais pour son fait, suivant l'interprétation jurisprudentielle de l'article 1382.

Par conséquent, responsabilité de l'Etat en cas de faute ; et, à cet égard, il convient de remarquer que les praticiens

(1) Voir *supra*, p. 47.

(2) En fait, si le citoyen est mobilisé dans ses fonctions civiles, on retombe dans les conditions indiquées précédemment à propos de la réquisition et, par conséquent, c'est tantôt la loi de 1898 qui joue s'il est mobilisé avec salaire civil, tantôt la législation militaire s'il est mobilisé avec salaire militaire. Même, dans certaines circonstances, est applicable soit le statut spécial des ouvriers des établissements de l'Etat fixé par décret du 26 février 1897, soit la loi du 9 juin 1853 sur les pensions civiles.

En somme, seul le véritable mobilisé, c'est-à-dire celui qui est à solde militaire, passe sous la législation militaire ; tous les autres conservent leur statut normal.

Voir à cet égard, notamment, l'inst. min. du 17 juin 1905, BOEM, vol. 65.

de l'irresponsabilité gouvernementale ont une tendance excessive à tout couvrir sous l'excuse du « fait de la guerre ». Même sous l'empire de la force majeure ou de l'acte de gouvernement, il ne serait pas irrationnel de se demander, à propos de certains dommages soit matériels, soit humains, s'ils n'auraient pas pu être évités, malgré la guerre ; s'il était démontré, par exemple, que des hommes ont été tués parce qu'ils n'avaient pas été munis de casques, alors qu'il y avait cependant des casques en magasin ; ou que des hommes ont été tués en manipulant des grenades connues comme de mauvaise fabrication, alors qu'il y avait en réserve d'autres grenades de fabrication satisfaisante ; ou que des aviateurs se sont tués parce qu'on les avait obligés à monter des appareils qu'ils avaient cependant signalés comme défectueux etc... (nous faisons en ce moment des suppositions entièrement gratuites dans un intérêt purement juridique), on ne voit pas comment il pourrait être soutenu que ces faits sont, juridiquement parlant, imputables à la guerre ; à supposer donc que la force majeure ou l'acte de gouvernement puissent dégager la responsabilité de l'Etat quant aux dommages de guerre, il ne paraît pas qu'ils puissent dégager indéfiniment cette même responsabilité pour tout ce qui se serait passé à l'occasion de la guerre. Nous ne faisons, d'ailleurs, en raisonnant ainsi, que suivre le Conseil d'Etat qui, dans l'arrêt Auxerre, quoique le service militaire soit une charge publique et passe à l'heure actuelle pour ne point engager la responsabilité de l'Etat, a reconnu la responsabilité de celui-ci pour une faute commise à l'occasion du service par un officier. Et nous ne faisons, au surplus, que retourner à l'encontre de l'Etat la ventilation qu'il pratique à l'encontre des militaires ; l'Etat sait distinguer dans les accidents survenus au service ceux qui sont dus au service et ceux qui sont simplement survenus pendant le service ; en principe il indemnise pour les uns et non pour les autres. Par analogie, nous pouvons considérer dans la guerre les dommages survenus par la guerre et ceux survenus pendant la guerre; si l'Etat prétend être irresponsable pour les premiers, sans doute conviendrait-il qu'il fût, en tout état de cause, responsable pour les seconds. Notons d'ailleurs que le Conseil d'Etat ne considère les faits de guerre comme à l'abri du recours contentieux que s'il s'agit de faits véritablement imposés par les nécessités immédiates de la lutte (1).

Responsabilité de l'Etat également pour son fait ; or, c'est bien le fait de la guerre, c'est-à-dire le fait de l'Etat qui fait la guerre, si le citoyen mobilisé est blessé au feu ; c'est bien également le fait de la guerre si le citoyen mobilisé contracte une maladie par suite des fatigues ou des intempéries auxquelles il est soumis ; c'est bien encore le fait de la guerre si le citoyen mobilisé voit s'aggraver, sous l'action des fatigues ou des intempéries, une maladie dont il était atteint à l'état plus ou moins latent et qui n'a pas en tous cas fait obstacle à son incorporation (2).

(1) Cons. d'Etat, 22 février 1907, Le Chartier.

(2) En ce qui concerne l'aggravation, il convient de noter qu'en

En somme, l'Etat serait responsable pour toute infirmité survenue du fait ou à l'occasion du service.

Or, on doit observer qu'au fond, à part quelques restric-

vertu de la loi de 1831 elle compte pour l'ouverture du droit à indemnisation au même titre que l'origine directe. Il y a là d'ailleurs quelque chose d'excessif; parce qu'enfin il n'y a pas de raison pour que l'autorité militaire prenne en charge l'indemnisation totale d'une maladie dont la totalité ne lui est pas imputable.

Il semble que la maladie aggravée au service, ne devrait ouvrir de droit à indemnisation que dans la mesure où l'aggravation est imputable au service.

Mais si le militaire meurt de l'aggravation? Il faut bien que l'autorité militaire réponde intégralement de la mort puisque, sans l'aggravation, la mort ne se serait pas produite.

Une transaction paraît possible : les infirmités aggravées au service n'ouvriraient, en principe de droit à indemnisation que dans la proportion où l'aggravation serait imputable au service. A moins que l'aggravation n'ait entraîné la mort ou une invalidité totale ; ou encore à moins que l'aggravation ne compte dans l'infirmité pour 50 0/0 ou davantage ; auxquels cas le droit à indemnité serait entier, comme pour l'origine directe.

Une objection pourrait être formulée : à savoir qu'il serait pratiquement difficile de discerner ce qui est imputable à l'aggravation et ce qui est antérieur à cette aggravation. Mais cette objection, qui est d'ailleurs d'ordre purement pratique, ne paraît pas mériter qu'on s'y arrête puisque la loi du 9 décembre 1916 a prévu une ventilation analogue en ce qui concerne les mutilés qui seront victimes d'accidents du travail ; le patron de ces mutilés ne sera responsable de l'accident que dans la mesure où l'accident aura aggravé l'état antérieur.

Au surplus, il ne peut s'agir, dans tous les cas, que d'une ventilation approximative suivant les possibilités d'appréciation et non d'une ventilation mathématiquement exacte.

tions sans fondement (1), la réparation militaire, grâce à l'interprétation de plus en plus extensive du Conseil d'Etat et grâce aussi à la pression de l'opinion pendant la guerre actuelle, arrive justement, en somme, à réparer quand l'infirmité provient de son fait puisqu'elle indemnise, non seulement à propos du service commandé ou de l'infirmité de guerre, mais encore en raison des dangers ou fatigues du service militaire. Où la réparation devient criticable c'est lorsque, en déniant le droit du militaire à indemnisation et en faisant de celle-ci un acte de pure bienveillance, l'autorité militaire s'arroge le pouvoir de n'accorder de pensions que pour certaines infirmités arbitrairement déterminées par la classification de 1887, ou de n'attribuer de gratifications qu'à certains militaires, ou d'arrêter le taux des indemnités d'une façon fantaisiste, sans égard pour le dommage réellement subi.

Or le droit commun applicable en matière de prestation comme en matière de réquisition, c'est-à-dire applicable au service militaire sous toutes ses formes, oblige à ré-

(1) La veuve n'a droit à pension, en ce qui concerne le décès de son mari par maladie, que si cette maladie était contagieuse ou endémique, qu'elle ait été contractée en France ou hors de France. Elle n'a donc pas droit à pension si le mari est mort de pleuropneumonie (Cons. Etat, 22 janv. 1900), d'affection cardiaque (C. Etat, 15 mars 1911), etc...

Le militaire n'a droit à pension, s'il est infirme à la suite d'une maladie endémique, que si cette maladie a été contractée hors de France (C. Etat fin, 8 mai 1888; 11 février 1890; 26 nov. 1890; 23 mars 1892).

parer le dommage subi quelles que soient la nature et l'étendue de ce dommage. Tel est en effet, suivant nous, en cas d'infirmité imputable au service, le fondement du droit à réparation du militaire appelé : prestataire ou requis, il y a obligation pour l'Etat qui l'a incorporé à indemniser suivant l'application normale du Code civil le dommage qu'il a subi, exactement comme s'il s'agissait d'un prestataire civil ou d'un requis civil. La situation militaire ne doit pas, en effet, être considérée comme une situation exorbitante mettant les hommes hors du droit commun ; les citoyens appelés deviennent militaires, c'est entendu, mais à titre toujours plus ou moins temporaire ; et quelles que soient les restrictions de liberté qu'ils subissent et les obligations de service auxquelles ils sont soumis, hommes libres de la veille et hommes libres du lendemain, ils n'en demeurent pas moins des citoyens protégés par les lois communes ; et il n'est pas tolérable que ceux-là même qui ont en mains la défense du pays, de ses institutions, de ses lois commencent, pour prix de cette défense, à être mis hors de certaines lois qui leur seraient avantageuses. Et, plus particulièrement, concernant les hommes mobilisés pour la guerre, il serait paradoxal, alors que toutes les réquisitions de louage de meubles, ou d'immeubles, de louage d'ouvrage ou d'industrie donnent lieu à indemnité, que, seule, la réquisition la plus importante entre toutes, celle des citoyens, pût se faire sans compensation ; et que l'Etat qui n'a pas le droit de disposer des biens sans indemniser ceux qu'il dépossède pût, par une singulière anomalie, disposer des personnes, prendre les plus robustes et les restituer infirmes ou ne pas les restituer du tout, sans avoir à compter avec le droit des personnes à de justes indemnités. Et l'on ne voit pas pourquoi, seul parmi tous les services requis, le service militaire qui est le plus important pour l'Etat et le plus préjudiciable pour l'individu, ne serait pas indemnisé, tout au moins quant aux dommages qu'il occasionne.

*
* *

Mais on pourrait tirer objection du caractère d'obligation sociale que revêt incontestablement le service militaire. Si le service militaire constitue une obligation pour l'individu, comment l'individu peut-il avoir droit à indemnité pour les dommages subis dans l'accomplissement de cette obligation? Nous ferons remarquer qu'il y a peut-être dans cette façon de présenter la question une confusion analogue à celle qui a été signalée entre la souveraineté et l'irresponsabilité; de ce que l'Etat a le droit souverain d'agir il n'en résulte pas qu'il ait le droit de ne pas réparer; de même, de ce que l'individu est tenu d'accomplir son service militaire et, le cas échéant, de faire la guerre, il n'en résulte pas qu'il doive être privé de tout droit en cas de blessures ou d'infirmités; au contraire, pensons-nous, c'est justement parce qu'on l'a obligé à combattre qu'on lui doit réparation; et on comprendrait beaucoup mieux qu'on refuse d'admettre un droit pour ceux qui sont venus combattre bénévolement, parce que ceux-ci, juridiquement parlant, pouvaient rester chez eux s'ils entendaient ne pas risquer d'être blessés ou infirmes. Cela est si vrai que les engagés volontaires tirent leur droit du contrat d'engagement et que ces droits sont, en théorie tout au moins, extensibles ou réductibles suivant la volonté des parties. L'individu requis puise, au contraire, son droit dans le fait même qu'il est requis.

Mais on ajoute : cette obligation de l'individu de faire la guerre ne peut être génératrice de droits individuels parce qu'elle est une dette sociale, un impôt du sang et qu'elle vient en balance d'avantages sociaux dont l'individu a déjà bénéficié du fait de la vie commune. Quand il verse son sang pour la patrie il ne fait donc que se libérer d'une dette et la société ne lui doit rien.

Nous avons dit ce qu'il fallait penser de cette théorie d'impôt du sang. Mais de qui donc l'individu actuel est-il débiteur ? de la société actuelle et sans doute et surtout de toutes les générations passées qui ont graduellement, insensiblement, par un effort incessant, amené les commodités et les sécurités contemporaines. Peut-être le combattant de l'heure présente qui est en train de se faire tuer trouverait-il cette théorie un peu osée et demanderait-il à n'accorder sa reconnaissance aux générations passées, qui n'ont pas su réaliser cette primordiale sécurité de rendre la guerre impossible, que sous bénéfice d'inventaire.

Mais enfin admettons quand même cette théorie défendue

par Fouillée (1) qui pense que nous naissons tous collectivement chargés vis-à-vis des générations passées d'une dette de « justice réparative ».

Mais, dès l'instant que cette théorie est acceptée, on doit reconnaître que les générations futures naîtront collectivement chargées vis-à-vis de nous qui faisons et supportons la guerre d'une dette de justice réparative et d'une dette d'autant plus lourde, qu'en faisant la guerre nous leur *conservons* la société avec ses commodités et ses sécurités. Et, par conséquent, si nous nous battons en vertu d'une dette sociale vis-à-vis des générations passées, nous devenons créanciers des générations futures pour tous les dommages que nous aurons subis.

Il ressort des considérations précédentes :

1° Que la réquisition pour services militaires s'effectue dans des conditions exceptionnelles qui nous paraissent conférer aux citoyens requis des droits particuliers.

L'armée a pour mission de conserver le patrimoine national. Les citoyens mobilisés pour la défense du pays sont donc requis en vue de la conservation de la chose nationale et c'est comme conservateurs de cette chose qu'ils ont, par application de l'esprit du Code civil (2), un droit particulier

(1) *Science sociale contemporaine.*
(2) Code civil, art. 2092 et suiv. Planiol, II, 2637.

et même privilégié à l'indemnité de réquisition ; 2° que la guerre étant, d'une façon globale tout au moins, un acte de gouvernement, il appartient au gouvernement de supporter la responsabilité politique, mais non la responsabilité pécuniaire de cet acte. C'est à la nation souveraine, mandant du gouvernement, qu'incombent les responsabilités pécuniaires en vertu, pensons-nous, de la théorie générale du mandat (1), suivant laquelle « l'exécution du mandat oblige le mandant directement envers les tiers, comme s'il avait traité lui-même sans employer d'intermédiaire » (2). Or, on ne peut contester que les gouvernements soient en fonctions sous notre régime en vertu d'un mandat (3). Le mot même est employé pour désigner la nature du pouvoir des divers élus.

Il n'est pas davantage contestable que le droit de faire la guerre entre dans les limites de ce mandat et l'on ne saurait par conséquent prétendre qu'en accomplissant cet acte de gouvernement qu'on appelle la guerre, les mandataires aient outrepassé les limites du mandat à eux confiés.

Donc, se trouvent en présence trois entités : le gouvernement, mandataire qui a agi dans les limites de son mandat et qui est politiquement responsable vis-à-vis du

(1) Code civil, art. 1998 et suiv.

(2) Planiol, II, 2252.

(3) « Le principe de toute souveraineté réside essentiellement dans la nation..... La souveraineté est une, indivisible, inaliénable, imprescriptible. Elle appartient à la nation. » *Déclaration des droits de l'homme*, art. 3).

mandant ; la nation, mandant qui est pécuniairement responsable pour les actes du mandataire ; et l'individu qui réclame à la nation pécuniairement responsable le dédommagement des actes dont le mandataire est l'auteur (1).

Il serait vain d'objecter que la guerre n'ayant pas été voulue par la France, ce n'est pas à celle-ci mais à l'agresseur de réparer les dommages. Ici encore doit jouer le principe *res inter alios*. M. J. Barthelémy s'exprime très clairement à cet égard (2) : « Débarrassons-nous, tout d'abord, d'une difficulté dont on a encombré à tort, suivant nous, notre problème. C'est l'Allemagne, dit-on, qui est la cause du dommage, c'est donc à l'Allemagne qu'il appartient de le réparer... Mais la question n'est pas là. La guerre est l'affaire nationale de la France ; c'est à la France qu'il appartient de réparer les dommages qui ont

(1) « La guerre est un fait national », dit M. J. Barthelémy (p. 60), et il ajoute : « La guerre est un fait national. Qui doit en supporter les charges ? C'est la nation » (p. 61).

Déjà, en 1792, par la loi du 2? juillet, l'Assemblée Nationale avait posé le principe de la responsabilité nationale : « L'assemblée naionale considérant que si, dans une guerre dont l'objectif est la conservation de la liberté, de l'indépendance de la constitution française, tout citoyen doit à l'Etat le sacrifice de sa vie et de sa fortune, l'Etat doit à son tour protéger les citoyens qui se dévouent à sa défense ; voulant donner aux nations étrangères le premier exemple de la fraternité qui unit les citoyens d'un peuple libre et qui rend communs à tous les individus du corps social les dommages occasionnés à l'un de ses membres, l'Assemblée décrète l'urgence et pose le principe de la responsabilité nationale ».

(2) *Loc. cit.*, p. 28.

été supportés pour son compte, sauf à elle à se retourner contre l'ennemi ».

Dans le même sens M. Dousset (1) écrivait : « Qu'on ne vienne pas dire que cette indemnité sera subordonnée à l'issue plus ou moins heureuse de la campagne ; puisqu'il s'agit, non d'une récompense mais d'un droit véritable, les principes..... exigent que pour l'acquitter si l'on ne peut se payer sur le vaincu, la charge en retombe sur l'ensemble des citoyens ».

Il serait également vain d'objecter que l'individu, partie intégrante de la nation, ne peut tout à coup s'extérioriser de cette nation pour la poursuivre ; qu'au surplus, il serait mal venu à réclamer des indemnités à propos d'actes de mandataires qu'il a lui-même contribué, comme citoyen, à investir du mandat en cause.

En effet, il est absolument juridique, tant en droit privé qu'en droit public, qu'un même individu soit, tour à tour, pris comme membre d'une société et comme individu extérieur à cette même société ; l'individu, qui a cependant participé en tant qu'actionnaire à la gestion d'une société, peut très bien, en tant qu'individu, poursuivre cette société ; il poursuivra le conseil d'administration, mandataire des actionnaires, et ce sont les actionnaires, qui n'ont pas fait l'acte dommageable mais qui ont donné le mandat, qui paieront les indemnités.

L'habitant d'une commune, électeur qui aura donné

(1) *Loc. cit.*, p. 164.

mandat à la municipalité, pourra parfaitement poursuivre cette municipalité et c'est la collectivité communale qui paiera les dommages alloués. Rien n'empêche par conséquent, que l'individu réclame à la nation dont il fait partie des indemnités pour les actes dommageables commis par le gouvernement qu'il a cependant plus ou moins directement mandaté.

3° Que la responsabilité pécuniaire doit principalement peser sur les générations futures, bénéficiaires de la chose nationale conservée. Il y aurait donc un lien de droit entre les individus actuels et les individus à venir.

On pourrait objecter que des liens de droit ne peuvent exister qu'entre des individus également existants, d'une existence réelle et non présumée. A cet égard, Fouillée fait remarquer avec raison « que le point de vue exclusivement individualiste a besoin d'être dépassé » (1). Nous sommes, en effet, sur un terrain de droit social et non sur un terrain de droit proprement individuel ; et, non pas sur un terrain statique, mais sur un terrain dynamique où tout se transforme, évolue d'un jour à l'autre et où les choses, par conséquent, pour être considérées avec justesse, ne doivent pas être prises à un moment de leur évolution, suivant une cristallisation hypothétique, mais dans le mouvement même du temps (2). Or chaque fois que le droit, au

(1) *Eléments sociologiques de la morale*, p. 311.

(2) Nous tenons à faire remarquer que, tout en imputant aux générations futures le bénéfice et la charge d'actions engagées par la génération actuelle, nous ne parlons pas de solidarité entre les di-

lieu de s'en tenir aux rapports de deux individus pris en tant qu'individus contemporains, aborde les rapports d'individus pris en tant que membres de groupements sociaux

verses générations. Nous pensons, en effet, qu'il ne peut y avoir solidarité, au sens usuel du terme, entre l'individu pris à un moment de son existence et le même individu pris à un autre moment de son existence. On ne peut pas dire que ma personne de 1917 soit solidaire de ma personne de 1915 ; ou du moins, si on le disait, ce serait pour souligner la continuité de mon existence et non pour établir un lien entre deux êtres distincts, comme font les solidaristes quand ils veulent que je sois lié à des êtres qui me sont, au fond, étrangers, en tout cas qui ne sont pas moi-même. Egalement, nous ne pouvons pas dire qu'il y a solidarité entre deux générations parce que, suivant un point de vue dynamique qui nous paraît fondamental en sociologie, nous considérons ces générations comme tenues par des liens de continuité et comme faisant partie d'un même être : l'être social qui déroule ses générations comme des métamères.

Dans ce sens, Melchior de Vogüé, dans *Les morts qui parlent*, écrit : « Vous croyez voir les gestes, entendre les paroles de contemporains conscients et responsables de ce qu'ils disent et font ? Détrompez-vous. Vous voyez, vous entendez quelques mannequins, passants d'un instant sur la scène du monde, qui font des mouvements réflexes, qui sont les échos d'autres voix. Regardez, derrière eux, une foule innombrable, les myriades de morts qui poussent ces hommes, commandent leurs gestes, dictent leurs paroles. Nous croyons marcher sur la cendre inerte des morts : ils sont dans nos os, dans notre sang, dans la pulpe de notre cervelle ; et, surtout, quand les grandes idées, les grandes passions entrent en jeu, écoutez bien la voix : ce sont les morts qui parlent ».

Il s'agit bien d'une continuité qui s'affirme au travers des générations. Parlant à la Chambre, le 14 juin 1917, M. Viviani disait : « Ne l'oubliez pas : vous n'êtes pas seulement comptables vis-à-vis de la France d'aujourd'hui ; vous êtes comptables vis-à-vis de la France d'hier et de la France de demain ».

qui débordent la vie humaine dans le passé et dans le futur, il est obligé de tenir compte, non seulement des vivants mais aussi des êtres éventuels ; on voit, par exemple, en droit privé, dès qu'il s'agit de la famille, l'intérêt de générations inexistantes sauvegardé par l'ordre successoral qui assure la transmission indéfinie du patrimoine (1) : des précautions prises en faveur des enfants à naître ; par le curateur au ventre, lorsque l'enfant est conçu (2), par le délai de viduité, en dehors même de la conception de l'enfant (3).

En droit public, on voit la société actuelle faire fond sur les générations futures et même à échéance indéterminée par les emprunts soit temporaires soit perpétuels. Il apparaît donc parfaitement juridique de penser que les soldats qui se battent à l'heure actuelle sont des créanciers des générations futures.

En conclusion, nous poserons le fondement du droit des infirmes de guerre à réparation sur les quatre propositions suivantes : la guerre est un acte de gouvernement accompli par le gouvernement en vertu de la souveraineté dont il dispose. Mais cette souveraineté n'emporte pas l'irresponsabilité ; le gouvernement tire sa souveraineté d'un mandat confié par la nation ; il est politiquement responsable vis-

(1) M. Gény (*Science et technique en droit privé positif*, p. 403) remarque que : « le droit des successions après décès est peut-être, des institutions fondamentales du droit privé, la plus difficile à justifier aux yeux de la raison ». M. Gény se place évidemment à un point de vue trop exclusivement statique.

(2) Code civil, art. 393.

(3) Code civil, art. 228 et 296.

à-vis de cette nation, mais la nation est, comme mandant, pécuniairement responsable des dommages causés par les actes du mandataire; les citoyens requis de fournir des services militaires, en vertu de cette réquisition et comme conservateurs de la chose nationale, deviennent créanciers et créanciers privilégiés des générations futures; la nation actuelle, pécuniairement engagée par sa qualité de mandant et représentant dans le temps actuel les générations de l'avenir, doit organiser la réparation des dommages subis et y contribuer.

CHAPITRE VI

L'ÉVALUATION JURIDIQUE DE L'INDEMNISATION

Objections et tempéraments.

Il ressort de l'étude de la législation militaire que celle-ci paraît considérer l'indemnisation comme ayant la valeur d'une retraite par anticipation ; c'est ainsi qu'elle fait toujours de l'indemnisation, qu'il s'agisse d'indemnisation pour mort ou pour infirmités, un quantum de la pension d'ancienneté. Telle la pension de veuve qui équivaut à une part de la retraite d'ancienneté à laquelle le militaire décédé aurait pu avoir droit ; telle la pension d'infirmités qui se règle sur le taux de la pension d'ancienneté ; telle la gratification de réforme qui est une fraction de la pension d'ancienneté.

Au premier abord, la législation militaire semble donc se préoccuper très équitablement de réparer une perte subie.

Mais, encore faut-il, pour que cette préoccupation soit véritablement équitable, que la perte prise comme base de la réparation soit réellement subie et qu'elle ne soit pas une pure hypothèse. En l'espèce, il est parfait de prendre la pension d'ancienneté comme étalon d'indemnité si, du fait du décès ou des infirmités, se produit un avortement des droits à cette pension d'ancienneté, comme dans le cas du militaire de carrière prématurément rayé des contrôles ; mais s'il n'y a aucun droit à pension d'ancienneté, dans le cas de militaires appelés précocement libérés par exemple, que signifie la mesure adoptée ?

Une distinction fondamentale doit donc être faite entre les militaires de carrière et les militaires appelés.

1° *Militaires de carrière.*

Nous avons montré que les militaires de carrière et l'Etat étant liés par un contrat, il ne peut y avoir, de la part de l'Etat, d'autre obligation d'indemniser que celle résultant du contrat lui-même, et que ce contrat doit être tenu pour valable quel qu'il soit.

Cependant, il est permis de se demander si les conditions offertes par l'Etat sont convenables et si l'Etat, mieux inspiré, n'aurait pas dû en offrir d'autres.

Une distinction s'impose :

1° En ce qui concerne les pensions, qu'il s'agisse de pensions de veuves ou de pensions d'infirmes, on doit constater que l'indemnité réglée d'après la pension d'ancienneté, c'est-à-dire notamment d'après le grade, correspond bien à la réparation d'une perte réellement subie ; le militaire ou sa famille comptaient sur la retraite d'ancienneté comme sur un des principaux avantages de la situation militaire ; cette retraite vient à échapper ; l'indemnisation la restitue, soit fractionnellement s'il s'agit d'une pension de veuve, soit entièrement s'il s'agit d'une pension d'infirmités. L'indemnisation est équitable.

Toutefois, deux remarques sont nécessaires.

D'une part, il semble difficilement explicable qu'à grades et durées de service égaux la pension de veuve puisse varier suivant les circonstances de la mort ; qu'une veuve n'ait droit qu'au taux ordinaire et qu'une autre veuve ait droit au taux exceptionnel simplement parce que les maris ne sont pas morts de la même façon (1). Le projet rapporté par la Commission de la Chambre aggrave d'ailleurs cette situa-

(1) Si le mari est mort sur le champ de bataille, s'il a péri à l'armée par événements de guerre ou s'il est mort des suites de blessures reçues dans lesdites circonstances, la veuve a droit au taux exceptionnel ; si le mari est mort dans toute autre circonstance, la veuve ne peut prétendre qu'au taux ordinaire.

Au taux exceptionnel, la veuve d'officier a droit à une pension égale à la moitié du maximum de la pension d'ancienneté affectée au grade dont le mari était titulaire (loi du 20 juin 1878, art. 1) ; et la veuve de non officier à une pension égale aux trois quarts de la pension d'ancienneté (loi du 18 août 1879, art. 15).

Au taux ordinaire, la pension est du tiers de la pension d'ancienneté pour la veuve d'officier (loi du 20 juin 1878, art. 1) ; et de la moitié de la pension d'ancienneté pour la veuve de non officier (loi du 18 août 1879, art. 15).

tion en créant un troisième taux dit « taux de réversion », auquel aurait droit la veuve lorsque son mari serait mort en possession de pension ou de droits à pension. De pareilles subtilités paraissent inadmissibles ; devant la mort au service, il n'y a pas d'infirmités ni de circonstances moins méritoires dont doive pâtir la pension des veuves.

D'autre part, quant à la pension d'infirmités, si cette pension doit compenser la perte d'une pension d'ancienneté, il semble, dès l'instant que cette pension est perdue, que la pension d'infirmités devrait toujours être liquidée uniquement suivant le grade et les services, sans qu'intervienne la gravité de l'infirmité. Qu'importe, en effet, que ce soit telle ou telle infirmité qui a fait perdre la pension d'ancienneté ; le seul fait à retenir est que celle-ci est perdue. C'est ainsi, d'ailleurs, qu'il est procédé pour la gratification temporaire de la gendarmerie dont le taux est lié au grade et non à l'infirmité.

En ce qui concerne les gratifications, le montant de la retraite d'ancienneté sert bien de base aux divers taux d'indemnisation comme pour les pensions mais, dans la plupart des cas, d'une façon tellement fragmentaire qu'il devient impossible de prétendre que la gratification soit, pour le militaire réformé, la compensation effective d'une retraite d'ancienneté perdue. Le taux de la pension d'ancienneté n'intervient vraiment ici que comme repère arithmétique, en vertu d'une tradition historique, et ce que l'on cherche à indemniser ce n'est plus la perte d'une pension d'ancienneté mais une perte de capacité de travail ; à tel point que la gratification est liée à la durée de l'incapacité : susceptible d'être supprimée par le moyen des visites bisannuelles si l'incapacité disparaît ; susceptible de devenir permanente si l'incapacité apparaît définitive. On ne peut donc pas dire, dans ce cas, que la législation militaire indemnise le réformé du fait qu'il a dû abandonner la carrière militaire puisqu'au cas où l'incapacité disparaît la gratification est supprimée quoique la réforme, elle, reste acquise.

Le projet rapporté par la Commission de la Chambre, loin de rectifier un tel système, n'en fait qu'étendre l'application puisque, désormais, les indemnités seront toutes liquidées d'après des pourcentages d'incapacité de travail et sauf incurabilité nécessitant la consolidation de la gratification en pension, seront toutes révisables et suppressibles tous les deux ans.

Or, il faut bien se rendre compte qu'au regard d'un militaire de carrière, la nature et la gravité de l'infirmité sont sans intérêt ; le seul fait qui doive retenir l'attention est que le militaire est renvoyé de l'armée comme incapable physiquement d'y continuer ses services ; et ce dont il convient de le dédommager ce n'est donc pas de telle ou telle infirmité mais seulement de ce qu'en le renvoyant de l'armée on l'a privé d'une pension de retraite sur laquelle il comptait légitimement. Rappelons encore une fois ce qui se passe pour la gendarmerie : dès l'instant que le gendarme est mis en réforme, et de quelque infirmité qu'il soit atteint, il peut, à la condition d'avoir satisfait au temps de service prescrit par le recrutement, c'est-à-dire à la condition d'être vraiment un militaire de carrière, obtenir une indemnisation représentative de la pension d'ancienneté perdue, égale aux deux tiers de cette pension.

Il serait donc logique, pour les militaires de carrière, de ne pas tenir compte de l'incapacité de travail ou de n'en tenir qu'un compte très accessoire et de régler les indemnités de façon qu'elles soient dans tous les cas la compensation effective d'une pension d'ancienneté perdue. Mais comme la pension d'ancienneté ne s'acquiert que par de longs services et qu'il n'est juste de l'escompter que lorsque les services ont acquis une durée appréciable, un correctif pourrait être apporté consistant à n'allouer l'indemnité représentative de la pension que pendant un temps d'autant plus limité que le temps de service aurait lui-même été plus court ; c'est ce qui a été institué concernant la gratification temporaire de la gendarmerie qui — d'un taux unique pour chaque grade quelle que soit la gravité de l'infirmité — n'est servie que pendant un nombre d'années égal à la moitié du nombre des années de service effectif.

Une atténuation est nécessaire cependant : il y aurait une véritable cruauté, sous prétexte qu'un militaire de carrière n'aurait servi que pendant six ans, par exemple, au delà du temps exigé par la loi de recrutement, à n'accorder l'indemnité que pendant trois années et à laisser ensuite ce militaire sans ressources, incapable par son infirmité de pourvoir à sa subsistance. Il conviendrait alors de ne point s'arrêter au temps de service et, quelle que soit la durée de celui-ci, de prolonger le temps de jouissance de l'indemnité jusqu'à attribuer même, le cas échéant, une rente viagère.

C'est encore ce qui a été fait pour la gendarmerie dont voici, en définitive, l'ensemble du statut : si le gendarme est atteint d'une infirmité contractée ou aggravée en service et obligeant à le rayer des contrôles, indemnité lui est due. Si l'infirmité est assez grave pour le mettre dans l'impossibilité de pourvoir à sa subsistance et qu'elle soit incurable, une pension viagère de retraite est attribuée, quel que soit le temps de service.

Si, au contraire, l'infirmité ne met pas dans l'impossibilité de pourvoir à sa subsistance ou n'est pas incurable, il y a lieu, si le gendarme a satisfait au temps de service exigé par la loi de recrutement, c'est-à-dire est vraiment un militaire de carrière, à gratification temporaire égale aux deux tiers de la pension d'ancienneté correspondant au grade, pendant un temps égal à la moitié du temps de service effectif ; et même si le gendarme n'est pas guéri à l'expiration de la gratification temporaire il peut être admis à gratification renouvelable.

Mais si le gendarme a quinze ans de service ou davantage, il peut opter entre la gratification temporaire et la pension proportionnelle.

Si enfin le gendarme n'a pas satisfait au temps de service exigé par la loi de recrutement, c'est-à-dire s'il n'est pas un militaire de carrière, il est traité comme un militaire appelé, c'est-à-dire que la gratification temporaire spéciale à la gendarmerie ne lui est pas applicable.

*
* *

Un parallèle est indiqué entre les situations faites en cas d'infirmités aux fonctionnaires militaires et aux fonctionnaires civils.

La loi des 3-22 août 1790 (titre I, art. 21) attribuait aux fonctionnaires civils des pensions exceptionnelles en cas de blessures ou d'infirmités imputables au service et mettant l'intéressé hors d'état de continuer ses fonctions. La liquidation de ces pensions exceptionnelles était faite, non seulement d'après la nature et la durée des services, mais encore d'après le genre de blessure ou la gravité de l'infirmité. C'est-à-dire que la liquidation s'opérait, en somme, suivant les principes actuellement encore appliqués aux militaires.

Mais le décret du 13 septembre 1806 a modifié les bases de liquidation et, actuellement, les pensions d'infirmités, pour ceux des fonctionnaires qui demeurent soumis à la loi de 1790 (1), sont réglées, comme la pension d'ancienneté, au sixième de la moyenne des traitements reçus pendant les quatre dernières années.

Par conséquent, la gravité des infirmités cesse d'entrer en compte ; le seul fait retenu est que le fonctionnaire est définitivement privé de ses fonctions.

(1) Les fonctionnaires encore soumis à la loi de 1790 sont les Ministres, les Sous-Secrétaires d'Etat, les membres du Conseil d'Etat, les préfets et les sous-préfets.

Est survenue la loi du 9 juin 1853 qui s'applique à l'ensemble des fonctionnaires d'Etat et qui s'est rangée à la conception du décret de 1806. Aux termes de cette loi, le fonctionnaire a droit à une pension exceptionnelle d'infirmités s'il est mis dans l'impossibilité de continuer ses services pour l'un des motifs suivants :

1° Infirmité provenant d'un acte de dévouement accompli dans un intérêt public ou pour sauver la vie d'un concitoyen ; ou provenant d'une lutte ou d'un combat soutenu dans l'exercice des fonctions ;

2° Accident grave résultant notoirement de l'exercice des fonctions ;

3° Infirmités graves résultant de l'exercice des fonctions.

Dans le premier cas, la pension d'infirmité est égale à la moitié du dernier traitement mais ne peut excéder les maxima fixés pour les pensions d'ancienneté (1).

Dans le deuxième cas, la pension d'infirmité est égale à 1/60 du dernier traitement pour chaque année de service civil, s'il s'agit d'un fonctionnaire sédentaire, et à 1/50 s'il s'agit d'un fonctionnaire non sédentaire.

Dans le troisième cas, infirmité grave imputable à l'exercice des fonctions, étant donné que l'exercice des fonctions ne peut passer pour avoir produit une infirmité que si les services ont été de longue durée, il ne peut y avoir pension

(1) Ces maxima sont déterminés au tableau 3 annexé à la loi de 1853, maxima modifiés d'ailleurs à plusieurs reprises par des lois subséquentes. Voir à ce sujet TARDIEU, *Traité théorique et pratique de la législation des pensions de retraite*, Paul Dupont, 1906, p. 90.

d'infirmité que si le fonctionnaire a 20 ans de service et 50 ans d'âge, s'il est sédentaire, ou 15 ans de service et 45 ans d'âge s'il est non sédentaire (1).

Ces conditions étant remplies, la pension d'infirmité est égale à 1/60 du traitement moyen par année de service, s'il s'agit d'un fonctionnaire sédentaire, et à 1/50 s'il s'agit d'un non sédentaire ; le traitement étant la moyenne des traitements et émoluments de toute nature soumis à retenue servis pendant les six dernières années d'exercice.

Par conséquent, dans aucune circonstance, qu'il s'agisse de blessure ou d'infirmité, qu'il s'agisse de la loi de 1790 ou de la loi de 1853, il n'est tenu compte de la nature ou de la gravité de l'infirmité. Le fonctionnaire civil est privé de ses fonctions, privé par conséquent de ses droits à pension d'ancienneté ; cela seul est pris en considération et la pension d'infirmités vient en compensation du dommage subi et, par suite, est liquidée uniquement suivant le grade et les services.

(1) Comparer l'infirmité imputable aux fatigues du service militaire qui n'est admise, à moins de fatigues exceptionnelles, que si le service a atteint une certaine durée : une vingtaine d'années sans campagne (Cons. Etat cont., 24 mai 1901) ; ou un nombre moindre d'années de service mais avec des campagnes plus ou moins fatigantes (Cons. Etat cont., 15 mars 1895 et août 1895). Le Guide barème des invalidités (LAVAUZELLE, 1915, p. 62) considère même qu'il y a longue durée du service militaire quand un sous-officier ou un homme de troupe a contracté un premier rengagement.

*
* *

En conclusion, la liquidation des pensions d'infirmités pour les fonctionnaires civils, d'abord fonction du grade, des services et de la gravité de l'infirmité, a subi une évolution et n'est plus fonction que du grade et des services, ce qui est justice.

Au contraire, la liquidation des indemnités d'infirmités pour les fonctionnaires militaires, qu'il s'agisse de pensions ou de gratifications, en est restée à la conception de 1790 et est toujours fonction du grade, des services et de la gravité de l'infirmité, ce qui est injuste. Seule, l'évolution s'est faite concernant les fonctionnaires de la gendarmerie, mais uniquement au sujet de la gratification, par l'institution de la gratification temporaire qui est fonction seulement du grade et des services ; avec cette différence, toutefois, qu'en matière de pensions civiles d'infirmités la durée des services influe sur le taux d'indemnité mais non sur la durée qui est toujours viagère ; tandis que pour la gratification temporaire de la gendarmerie, la durée des services influe, non sur le taux qui est constant pour chaque grade, mais sur la durée d'indemnisation. Quant aux pensions des fonctionnaires de la gendarmerie, et quant aux pensions ou gratifications de tous les autres fonctionnaires militaires, aucune évolution ne s'est produite.

Ces conceptions archaïques doivent, à notre avis, faire

place à des conceptions plus équitables cadrant avec la situation faite par la loi de 1853 à l'ensemble des fonctionnaires ; et l'évolution commencée pour la gendarmerie doit être poursuivie pour toute l'armée de métier, de façon que les fonctionnaires militaires exclus de leurs fonctions par suite d'infirmités imputables au service reçoivent le dédommagement légitime des avantages par eux perdus.

2° *Militaires appelés.*

Concernant les militaires appelés, la situation est complètement renversée ; la pension d'ancienneté est pour eux sans intérêt et le degré d'invalidité seul importe.

En effet, le militaire appelé n'est présent sous les drapeaux que d'une façon toute provisoire et n'attend aucune retraite d'ancienneté. Lui allouer une pension d'infirmité ou allouer à ses ayants droit une pension de décès calculée sur le taux de la pension d'ancienneté qu'aurait pu avoir un militaire de profession, comme fait la législation actuelle, ne correspond en rien à la perte réellement subie. Le militaire appelé se trouve, en somme, toucher une indemnité réglée suivant les titres de son voisin.

Dans le même ordre d'idées, le grade intervient dans la fixation du taux d'indemnité d'une façon absolument excessive : les gratifications de soldat à adjudant-chef variant de 1 à 1,8 soit presque du simple au double, tandis que la pension varie, entre le grade de soldat et le grade de capitaine, de 1 à 5 (1).

Comment justifier que deux hommes appelés sous les drapeaux et atteints à ce service de la même infirmité soient rendus à la vie civile, l'un avec une légère indemnité, l'autre avec une indemnité beaucoup plus forte, parce que le premier a occasionnellement porté l'uniforme de simple soldat, tandis que le second a occasionnellement porté les insignes d'un grade? Comment justifier que si tous deux ont perdu une jambe et que l'un ait été simple soldat et l'autre capitaine, la jambe du capitaine vaille cinq fois plus que la jambe du simple soldat? Il semble y avoir là une intolérable anomalie que M. Mirman a d'ailleurs relevée dans les termes suivants : « Voici trois citoyens de même profession civile, tous trois employés de commerce, par exemple ; travaillant dans le même bureau et gagnant les mêmes appointements ; ils font leurs 28 ou 13 jours dans le même régiment ; A comme sous-lieutenant de réserve ; B comme sergent ; C comme simple soldat. Ils sont victimes en manœuvre du même accident et y perdent chacun une main ; chacun recevra une pension viagère égale au maximum de la pension d'ancienneté correspon-

(1) Voici les chiffres : les gratifications de soldat à adjudant-chef varient de 100 à 184 francs ; de 200 à 368 francs ; de 300 à 550 francs; de 400 à 730 francs ; de 500 à 910 francs ; de 600 à 1.100 francs ; de 750 à 1.400 francs ; et de 975 à 1.820 francs.

Les pensions varient, de soldat à capitaine, de 600 à 2.900 francs; de 750 à 3.600 francs et de 975 à 4.680 francs.

pant à son grade, c'est-à-dire que A aura droit à une rente de 2.300 francs ; B de 1.100 francs ; et C de 750 francs ».

Au contraire, le calcul de l'indemnité d'après le taux d'incapacité de travail, qui était critiquable au regard de l'armée de métier, apparaît légitime au regard de l'armée appelée ; le militaire appelé retournant à la vie civile après avoir été estropié au service se trouve directement atteint dans sa capacité de travail et cette atteinte doit être la mesure de l'indemnisation. Les gratifications graduées suivant l'incapacité de travail procèdent donc, à ce point de vue, d'une exacte inspiration ; et il est heureux pour les militaires appelés que le projet rapporté par la Commission de la Chambre ramène tout le système d'indemnisation au système d'incapacité de travail. Mais il est regrettable que le projet de la Chambre, aussi bien que la législation actuelle, appliquant aux diverses infirmités certains pourcentages immuables d'incapacité de travail, ce qui comporte déjà une certaine part d'arbitraire, applique les pourcentages ainsi déterminés à des taux de pensions d'ancienneté qui sont d'un intérêt nul pour le militaire requis.

Au moins la jurisprudence de la loi de 1898, si elle a le tort de considérer des pourcentages d'invalidité en soi, applique ces pourcentages à des salaires de la vie réelle et aboutit, en fin de compte, à un ensemble logique d'indemnisations sinon à une détermination rigoureusement équitable de chacune d'elles ; tandis que la législation militaire, appliquant sans raison des taux arbitraires d'invalidité à des taux de pensions d'ancienneté, aboutit à des indemnisations qui, pour les militaires appelés, ne correspondent en rien à la réalité des pertes subies.

En conséquence, ni les pensions ni les gratifications ne sont établies par la législation militaire en exacte considération des pertes subies par le militaire appelé.

*
* *

L'indemnisation du militaire infirme, que ce militaire soit un prestataire ou un requis, doit, suivant le droit commun, couvrir le dommage résultant de l'infirmité.

Rentrons donc dans le droit commun ; notamment, concernant le cas qui nous occupe plus particulièrement du militaire requis devenu infirme à la guerre, l'indemnisation suivant le droit commun s'accorde avec l'indemnisation suivant la loi de 1877 puisque cette loi, au fond, n'est que l'application des principes du Code civil à la circonstance particulière de la réquisition. En effet, suivant le rapport déposé à la Chambre lors de la discussion de la loi de 1877, le citoyen frappé par la réquisition a « un droit de dédommagement absolu ». Et le député Daghuilhon-Pujol précisait que « l'indemnité apparaît comme le dédommagement, non de ce que l'expropriation a de pénible, mais de ce qu'elle a de préjudiciable ; c'est la réparation d'une perte d'argent et nullement la compensation d'une violence, légitime après tout, et dont, au surplus, aucun avantage matériel ne saurait tempérer la rigueur ». C'est en accord avec ces principes que l'article 2 de la loi de 1877 déclare que l'indemnité doit être représentative de la valeur de la prestation. L'arrêt de la Cour de cassation du 6 mars 1917, dans le même esprit, déclare : « Vu l'article 2 de la loi du 3 juillet 1877 ; attendu que les réquisitions militaires prévues et organisées par ladite loi en cas de mobilisation ou de guerre sont des actes de puissance publique consistant dans la mainmise par l'Etat, indépendamment de tout consentement ou accord sur le prix et sans indemnité préalable, sur les choses nécessaires au besoin de l'armée pour suppléer à l'insuffisance des moyens ordinaires d'approvisionnement ; que, dépendant de la volonté seule de l'Etat agissant pour cause de nécessité publique, elles n'ont le caractère ni d'un achat commercial ou marché de fournitures, ni d'aucun contrat de droit commun. Attendu qu'aux termes de l'article 2 de la loi précitée et sous les seules exceptions limitativement déterminées par l'article 15, toutes les prestations fournies à l'armée donnent droit à des indemnités représentatives de leur valeur ; que, d'une part, cette valeur doit être appréciée à la date de la réquisition et que, d'autre part, l'indemnité corrélative doit être calculée en tenant compte uniquement de la perte que la dépossession de la chose impose au prestataire... »

Il s'agit donc de considérer l'homme dans l'état où il était au moment de la réquisition et d'allouer une indemnité compensant la perte subie par l'intéressé ou par ses ayants droit du fait de cette réquisition.

Mais quel est le préjudice causé ?

M. Mirman indique : « Le jour où un soldat réformé est rendu à la vie civile, c'est une question d'ordre exclusivement civil de savoir en quel état physique il y est rendu et d'évaluer, selon le préjudice accidentel dont il a souffert, la réparation que la société lui doit (1) ». Comme dit M. Rolland (2) : « L'indemnité doit couvrir le préjudice matériel, c'est-à-dire la diminution de valeur économique de l'individu ».

Quelle est donc la mesure de la diminution de valeur économique?

M. Dousset (3) considère « qu'un homme valide équivaut à un homme valide » et que l'indemnité doit être attribuée simplement en considération de la diminution apportée à un « capital validité » considéré, d'un point de vue social, comme constant pour tous les hommes. De sorte que l'indemnité ne devrait tenir compte ni « des intérêts, des besoins et des charges » de l'infirme ; qu'elle ne devrait se préoccuper ni « de sa profession antérieure, ni de sa condition sociale, ni de son salaire, ni de ses ressources matérielles » ; M. Dousset désire que l'indemnité soit, « non pas comme dans la réparation civile égale au préjudice, variable avec chaque cas et appréciée en fait *in concreto*, mais représentative du tort qu'éprouve, en droit, un homme valide considéré *in abstracto* lorsqu'il perd partie ou totalité

(1) Les accidents militaires, article paru dans *Le Journal*, 29 mars 1905.

(2) Rolland, *loc. cit.*, p. 99.

(3) Dousset, *loc. cit.*, p. 167.

de cette validité qui lui est nécessaire pour vivre ». Il y a là une conception singulière, négatrice du droit individuel et qui constitue une inadmissible exagération de ce « droit social » contre lequel s'élève non sans raison M. Jacquelin (1). Cette conception pourrait, à la rigueur, trouver son application dans le cas où le pays vainqueur, réclamant une indemnité au pays vaincu, évaluerait « l'une dans l'autre » et d'un point de vue social les individualités perdues. Mais, d'un point de vue individuel, chaque homme a une valeur qui lui est personnelle et c'est la diminution de cette valeur propre qu'il s'agit d'indemniser.

A cet égard, la mesure de cette diminution doit être, pensons-nous, le manque à gagner imputable à l'infirmité ; donc, la diminution de salaire, s'il y a salaire, ou, d'une façon plus générale, la diminution de revenu (2).

Deux conclusions doivent être immédiatement tirées. D'une part, l'indemnisation devant être la réparation du préjudice, il ne saurait s'agir, en aucune façon, d'allouer à

(1) JACQUELIN, *Le droit social et la réparation des dommages en régions envahies.*

(2) A noter qu'un salarié peut, du fait de son infirmité, subir une diminution de revenu sans qu'il y ait cependant diminution de salaire. Un amputé des deux jambes qui reprendrait son emploi de comptable conserverait évidemment, comme comptable, son salaire d'avant la guerre ; cependant, son revenu serait fortement entamé si ce mutilé était obligé de se faire conduire en voiture de son domicile à son bureau et de son bureau à son domicile. Quantité d'autres exemples pourraient être donnés aboutissant, en définitive, à une réduction indirecte de salaire.

la victime « une pension alimentaire calculée d'après une estimation faite de ce qui est moyennement nécessaire à un homme pour subsister (1) ». D'autre part, l'indemnisation devant couvrir une perte de revenu doit consister en une rente et non en un capital (2); ainsi d'ailleurs procède la loi de 1898 ; et, par conséquent, n'est pas fondée la critique formulée par M. Maurras (3), suivant laquelle « l'Etat démocratique n'aime pas procéder à des versements en bloc et aime mieux tenir le peuple par des annuités et lui donner figure d'obligé, de client et d'assujetti ».

Tel est l'esprit des propositions de loi déposées par M. Mirman (4), par MM. Ghesquière, Delory et 71 de leurs collègues (5) et du rapport de M. Doizy sur les propositions précédentes. Il s'agit, aux termes de ce rapport, de faire application de la loi de 1898 dans son principe et son système d'indemnisation aux infirmités militaires, étant entendu, toutefois, que cette application serait faite seulement :

1° En cas d'accidents et non de maladies (6) ;

(1) DOUSSET, *loc. cit.*, p. 166.

(2) Sauf conversion éventuelle en capital, à la requête de l'infirme, des rentes minimes, à l'imitation de ce qui a été prévu par la loi de 1898, art. 9, 21, 28.

(3) CH. MAURRAS, *La part du combattant*, p. 7.

(4) 6 mars 1905.

(5) 16 mars 1911.

(6) M. Doizy déclare, p. 22 : « Il est bien évident, en effet, que toutes les maladies n'auraient pu être admises ; ce n'était, pensons-nous, dans l'esprit de qui que ce fût ».

2° Aux militaires appelés et non de carrière (1).

M. Doizy s'exprime ainsi (2) : « La pension d'invalidité ne doit tenir compte que de la profession civile de la victime et aucunement ou très peu de son grade ». Et il pense qu'on devra se préoccuper pour la détermination des indemnités :

« 1° De l'influence que peut spécialement avoir l'infirmité ou la blessure sur l'exercice de la profession de l'accidenté, c'est-à-dire que la diminution d'incapacité de travail doit tenir compte du genre d'occupation habituelle de la victime ;

2° De la diminution de salaire que doit entraîner l'incapacité ainsi déterminée ».

C'est, en somme, la reprise sous une forme nouvelle d'une idée autrefois débattue à la Convention. Pendant la discussion des 4-5 mai 1793, Réal avait, en effet, proposé de prendre pour base des secours à accorder aux familles le produit du travail du militaire (3).

(1) M. Doizy déclare, p. 21 : « Dans tous les cas, la commission d'assurance et de prévoyance sociale a tenu à ce qu'il fût bien spécifié que la loi nouvelle ne s'appliquerait qu'aux hommes remplissant leur service obligatoire d'active, de réserve ou de territoriale ».

(2) DOIZY, *loc. cit.*, p. 14.

(3) Vergniaud avait combattu cette proposition par des arguments peu convaincants : « Réal a dit que dans les secours que vous accordez aux familles des soldats de la patrie vous devez prendre pour base le produit ordinaire de leur travail ; ceci ne me paraît

On aurait pu croire que l'autorité militaire serait favorable à un système dont elle avait, somme toute, posé le fondement par la circulaire du 26 janvier 1857, laquelle prescrivait de s'en référer aux professions civiles avant d'attribuer les gratifications. Mais, au contraire, non seulement cette circulaire a été complètement perdue de vue, mais encore les milieux spéciaux ont toujours opposé la plus vive résistance aux propositions modernes qui ont le tort, pense-t-on, de mêler des considérations civiles à une matière jugée comme d'ordre strictement militaire.

On doit insister cependant sur le fait que la profession entre en compte dans la réparation des dommages militaires dans deux circonstances :

1° En ce qui concerne l'armée de métier, la pension et la gratification sont réglées notamment d'après le grade,

pas rigoureusement exact ; si vous ne demandiez aux citoyens qui vont combattre pour vous que d'arroser la terre de leur sueur ; si vous n'exigiez d'eux que des travaux de la nature de ceux qu'ils abandonnent, Réal aurait raison. Mais ce n'est pas seulement des sueurs que vous leur demandez, c'est encore du sang ; et quel sera, pour leurs familles, le prix du sang qu'ils auront perdu ? »

Les salaires étant, à l'époque, très bas et la mesure étant proposée par Réal dans une préoccupation d'économie, Vergniaud estimait que les secours seraient insuffisants. Mais il ne faut pas confondre la base d'une indemnité avec son quantum ; il eût été juste de fixer un principal d'indemnité basé sur le salaire perdu, quitte à adjoindre au principal des majorations pour récompenses nationales, pour services, etc., jusqu'à atteindre le quantum désiré.

c'est-à-dire d'après la situation professionnelle de l'intéressé, et le taux est calculé sur la base de la pension d'ancienneté, elle-même fonction de la solde.

L'indemnisation pour le militaire de carrière est donc, dans une certaine mesure, et sous les réserves précédemment faites, en rapport avec la perte des avantages professionnels.

2° En ce qui concerne les fonctionnaires de l'État tués ou blessés au service militaire, l'option est permise, pour la liquidation de la pension, entre la loi militaire de 1831 et la loi civile des retraites, la mort ou la blessure étant censées survenues pendant le service civil. Or, comme le fait remarquer M. Rolland, (1) « la pension civile étant liquidée d'après le traitement civil est, par la même, déterminée par la valeur économique de la victime ».

Il y a dans ces deux cas, et aussi dans les prescriptions de la circulaire de 1857, des précédents de grande valeur qu'il convient de remettre en vue.

D'ailleurs, le système d'indemnisation militaire suivant la profession civile du soldat a été adoptée par la Suisse qui est très large ; elle indemnise sur la base du salaire antérieur au service, non seulement pour les blessures ou les accidents, mais pour toute atteinte à la santé survenue pendant le service militaire. Comme dit M. Fuster, « il s'agit presque d'une assistance garantie contre les conséquences éventuelles de tous les

(1) *Loc. cit.*, p. 106.

risques de la vie pendant les semaines passées sous les drapeaux » (1).

Objections.

Diverses objections ont été formulées contre la prise en considération du salaire civil dans le calcul des indemnisations aux mobilisés devenus infirmes. M. Masse considère ces objections comme « d'une évidence si pressante » qu'il rapporte (2) que M. Doizy lui-même aurait considéré le système comme inapplicable en temps de guerre. Si M. Doizy avait porté un tel jugement sur un système dont il est fort partisan, il y aurait là un aveu troublant ; mais si l'on se reporte au texte même du rapport de M. Doizy (3), on s'aperçoit, tout au contraire, que la prise en considération du salaire civil a été prévue « non seulement pour le temps de paix mais aussi pour le temps de guerre ». Et la restriction faite par M. Doizy, loin de s'appliquer au fond du système, ne s'applique qu'à la mise en pratique ; le rapporteur constate, en effet, que « les nécessités de la guerre empêcheraient le jeu normal de la loi » ; c'est en prévision de cet empêchement que l'art. 9 du projet permet au Ministre de prendre, pendant la guerre, les dispositions provisoires qu'il juge utiles quitte « lorsque la paix est signée

(1) *Loc. cit.*, p. 63.
(2) MASSE, *loc. cit.*, p. 46.
(3) DOIZY, *loc. cit.*, p. 23 et 24.

à accorder les réparations pécuniaires aux victimes de la guerre, aux militaires, à leurs familles ».

Quelles sont donc ces objections que M. Masse regarde comme « d'une évidence pressante » ?

1° M. Masse considère d'abord qu'il n'y a pas lieu d'établir pour l'armée de métier et pour l'armée mobilisée des bases différentes d'indemnisation ; il justifie cette opinion par un argument dont la valeur juridique est plus que douteuse : « Dans la grande armée de la République il n'y a pas deux armées ; il n'y a que des frères d'armes. Nous ne dissocierons pas la matière divine que la flamme de la guerre a coulée au même creuset. Il ne peut y avoir qu'une loi pour les pensions de la guerre ».

Et M. Masse explique (1) : « Quand deux Français du même grade, sur le champ de bataille, sont frappés du même obus, qui donc voudrait séparer dans la loi ceux que la gloire a unis » ? Mais alors, pourquoi M. Masse, à la page suivante, déclare-t-il qu'il convient de maintenir des taux différents de pensions suivant le grade ? et comment M. Masse peut-il admettre que la loi sépare l'officier et le soldat que le même obus a tués sur le champ de bataille et que la gloire avait unis ?

D'autre part, M. Masse est obligé de déclarer (2) qu'en ce qui concerne l'armée de métier, les correctifs nécessaires à l'actuel projet de loi seront apportés par une loi spéciale

(1) Masse, *loc. cit.*, p. 41.
(1) Masse, *loc. cit.*, p. 94.

dont le gouvernement déposerait bientôt le projet. La voilà donc dissociée la matière divine...

Il serait vain, en effet, sous couleur d'égalitarisme, de nier ce fait social patent et incontestable que notre armée, pour nationale qu'elle soit, comporte néanmoins des éléments disparates : les militaires dont c'est le métier d'être militaires ; et ceux dont la présence sous les drapeaux n'est qu'occasionnelle et liée à l'accomplissement d'une obligation. Le fait qu'au mépris de droits différents les uns et les autres seraient traités d'une façon identique ne parviendrait pas à effacer la dualité des situations. Et nous ne comprenons d'ailleurs pas en quoi cette dualité, rendue inévitable par la nécessité des cadres, porterait atteinte au caractère national de notre armée et diminuerait son unité morale.

Au surplus, nous ferons remarquer que cette unité de loi à laquelle M. Masse parait tenir avant tout serait sans doute mieux assurée, au fond, suivant notre conception qui consiste à régler toutes les pensions de l'armée sur la perte du salaire professionnel — salaire militaire pour l'armée de métier, salaire civil pour l'armée requise — que suivant la conception de M. Masse qui partant d'une base unique — le salaire militaire — aboutit par d'inévitables correctifs à deux lois et à deux régimes.

2° L'Etat a envers le militaire infirme un devoir d'assistance et de reconnaissance mais qui ne se chiffre pas aux gains réalisés ou non réalisés dans une profession civile. C'est l'argument de Vergniaud repris par M. Masse. Nous avons assez indiqué combien le fondement de la réparation sur l'assistance ou la reconnaissance est décevante et antijuridique ; nous n'insistons pas.

3° Il serait contraire à l'égalité absolue qui doit régner entre soldats qu'une même blessure pût valoir une maigre pension au journalier et une rente importante au commerçant. Nous demanderons alors s'il est conforme à l'égalité que, pour une même infirmité, il soit, comme nous l'avons signalé, alloué à des militaires appelés des pensions de taux complètement différents, simplement parce que ces militaires occasionnels ont occasionnellement joui de grades différents ; et s'il est conforme à l'égalité qu'à grade égal un ouvrier tisseur, ayant perdu un doigt qui lui était essentiel pour l'exercice de son métier, ne touche pas davantage qu'un avocat ayant perdu le même doigt, alors que cependant l'avocat plaidera tout aussi bien sans son doigt qu'avec son doigt ; et s'il est conforme à l'égalité qu'un citoyen quelconque, devenu infirme à la guerre, se contente de l'indemnisation arbitraire qui lui est allouée par l'autorité militaire et que le citoyen fonctionnaire devenu infirme dans les mêmes conditions puisse opter pour sa pension de fonctionnaire (1), laquelle est équitablement réglée suivant la solde ?

Le raisonnement de M. Masse est donc absolument faux et s'il l'appliquait jusqu'au bout il pourrait arriver à soute-

(1) Lois du 14 mars 1915 et du 15 janvier 1916, *Journal off.* des 16 mars 1915 et 18 janvier 1916.

nir que le salaire, que l'impôt, etc... doivent être du même chiffre pour tous et, sous prétexte d'égalité, il aboutirait, en fait, aux plus criantes injustices.

Ces injustices, elles se trouvent dans la législation militaire actuelle et il est inutile de les perpétuer ; d'autant que la loi industrielle de 1898 a donné l'exemple d'une équitable réparation des infirmités en proportionnant toujours les indemnités au salaire de l'accidenté.

M. Masse est bien obligé, d'ailleurs, de reconnaître que, dans certains cas, on devra rectifier ce qu'il y aura d'insuffisant dans les indemnités allouées au nom de l'égalité absolue ; on fera appel « aux bureaux de tabac », dit-il ; nous ne saurions nous réjouir de cette éventualité.

4° En outre, M. Masse considère « qu'il n'y a pas de raison pour que l'Etat paye une indemnité calculée d'après un salaire qu'il ignore » (1). Effectivement, si l'Etat entend ignorer, par principe, le salaire civil des hommes qu'il convoque sous les drapeaux, il n'y a pas possibilité qu'il fasse entrer ce salaire dans le calcul des indemnisations. Mais la question est justement de savoir si l'Etat serait bien inspiré, alors que notre armée est nationale, en voulant rétablir l'étanchéité entre l'armée et la nation dès qu'il s'agit non plus de réclamer aux citoyens leurs services, mais de leur allouer des réparations. Et, d'ailleurs, il est inexact de prétendre que l'Etat ignore le salaire civil des militaires ;

(1) Masse, *loc. cit.*, p. 45.

ainsi l'Etat se préoccupe du salaire civil quand il interdit au delà de 6.000 francs le cumul de la pension militaire pour infirmités de la sixième classe avec un traitement civil (loi 30 décembre 1913) ; ou lorsqu'il autorise jusqu'à concurrence du traitement civil le cumul de la solde civile et de la solde militaire pour les fonctionnaires et employés civils de l'Etat (loi 5 août 1914) ; ou lorsqu'il autorise le cumul pendant la guerre d'une pension militaire et d'une solde militaire pour les fonctionnaires et employés civils de l'Etat, sans que le total perçu puisse excéder le total du traitement civil et de la pension militaire (décret 29 août 1914); ou lorsqu'il permet au fonctionnaire mobilisé d'opter entre la pension militaire ou la pension civile calculée sur le salaire civil (lois 14 mars 1915 et 15 janvier 1916).

Il est vrai que, dans tous les exemples que nous venons de citer, le traitement civil que connaît l'Etat est un traitement d'Etat puisque seuls des fonctionnaires d'Etat sont en cause ; mais il importe peu ; d'ailleurs, en matière d'impôt sur le revenu, par exemple, l'Etat sait bien se préoccuper de tous les salaires sans distinction. Et il y aurait quelque chose de paradoxal dans le fait d'un Etat possédant un Ministère du Travail et suivant de très près les revendications du salariat qui prétendrait ne pas connaître les salaires des travailleurs.

5° On a également objecté (1) que la prise en considération du salaire civil, possible en Suisse où le régime

(1) Voir le projet de loi du gouvernement.

militaire n'est pas comparable au régime militaire des grandes nations, ne serait pas applicable chez nous en raison des charges excessives qu'elle nous obligerait à supporter.

Rien n'est moins certain ; au surplus, le gouvernement est toujours maître de ne payer que dans la mesure où il peut payer. En tous cas, si des économies sont nécessaires, ce n'est point par l'arbitraire qu'il faut les réaliser, mais en réduisant ce qu'il peut y avoir d'excessif dans certaines indemnisations. Il est évident, par exemple, qu'en cessant d'attribuer une importance de premier plan au grade des militaires appelés et en réduisant par conséquent les indemnités jusqu'ici attribuées sans motif valable aux appelés de grades élevés, des économies importantes seront effectuées. De même, en n'accordant qu'exceptionnellement d'une façon viagère d'emblée les indemnités et en les soumettant, comme le propose le projet de loi, à des révisions prolongées : ou en ne mettant pas systématiquement au compte de l'autorité militaire toutes les infirmités aggravées au service, comme on en a la tendance à l'heure actuelle, des économies seront possibles.

Ces économies compenseront-elles la surcharge certaine qui viendra de la prise en considération du revenu civil ? La pratique seule fixera à cet égard. Mais un peuple qui n'est pas un petit peuple et qui veut jouer son rôle dans l'ensemble des nations et, le cas échéant, faire la guerre se doit de supporter les charges du rôle qu'il entend tenir ; et il faut que les gouvernements se pénètrent de cette idée que le prix de la guerre comportera désormais, non seulement le prix des canons et des munitions, mais aussi le prix des dommages et, non seulement des dommages matériels, mais des dommages humains.

C'est l'énormité même du prix de la guerre qui pourra, dans l'avenir, en restreindre l'éventualité.

Tempéraments.

Par contre, il est d'autres objections dont l'importance est réelle et oblige à apporter divers tempéraments au principe de réparation intégrale suivant la perte du revenu.

1° L'indemnisation, avons-nous dit, devra réparer la perte de revenu imputable à l'infirmité. Or comment évaluer la perte de revenu ? Evidemment, par comparaison entre le revenu d'avant et le revenu d'après le service, exactement comme la loi de 1898 prévoit que sera évaluée la perte de salaire par comparaison entre le salaire d'avant et le salaire d'après l'accident. S'il s'agit de professions assujetties à la loi de 1898, M. Mirman propose même tout simplement que le militaire blessé reçoive, pour sa blessure, ce qu'il aurait reçu de la loi de 1898 s'il avait été blessé dans son travail (1).

(1) Notons qu'alors la réparation ne serait plus intégrale puisque la loi de 1898 n'indemnise que pour une part de la perte de salaire,

Mais, s'il s'agit de professions non assujetties à la loi de 1898 ?

M. Rolland(1) propose que le blessé soit indemnisé d'après des séries de tarifs préalablement établis suivant les conditions sociales : « La gravité du dommage varie suivant la position sociale, la profession des victimes. On a pu, dans la loi de 1898 sur les accidents du travail, se contenter d'une série de tarifs parce que la situation sociale et économique des accidentés est, en somme, à peu près toujours la même. Mais il en va tout différemment pour les civils éprouvés par les faits de la guerre. Si le législateur veut faire œuvre satisfaisante, il doit donc établir des tarifs forfaitaires mais il ne doit pas se contenter d'une série unique de tarifs. Il en faut autant que de grandes catégories sociales. » M. Rolland nous ramène ainsi à l'un des problèmes les plus ardus qu'ait soulevés la réparation des accidents du travail. Il s'agissait également, à l'époque, d'aboutir à une indemnisation aussi exacte — partant aussi juste — que possible des dommages causés par les infirmités. Le Dr Rémy avait envisagé de dresser des tableaux à double entrée indiquant le degré d'incapacité de travail correspondant à chaque infirmité dans chaque profession ou, plus exactement, dans chacun des principaux mouvements professionnels ; ainsi, pour les mutilations de la main, le Dr Rémy examine l'importance de chaque mutilation

variable d'ailleurs suivant qu'il s'agit de mort, d'incapacité totale ou d'incapacité partielle.

(1) ROLLAND, *loc. cit.*, p. 98.

dans les diverses utilisations de pince, de fourreau, de roulement, d'effort, etc... que réclament les diverses professions. Une telle manière d'apprécier les conséquences professionnelles des accidents du travail obligeait à la constitution d'un véritable dictionnaire comportant toutes les professions et indiquant, pour chaque profession, toutes les infirmités avec, en face de chaque infirmité, le degré d'incapacité spéciale dans la profession visée ; c'est ce degré d'incapacité qui, appliqué au salaire d'avant l'accident, aurait donné la mesure mathématique de la perte de revenu imputable à l'infirmité.

Mais, l'impossibilité d'établir un dictionnaire d'une ampleur et d'une minutie aussi considérable amenèrent à ne plus envisager, par mesure de simplification, que quelques professions types, les indemnités ne devant varier dans de notables proportions que d'un type à l'autre. Ainsi le Dr Georges Brouardel considère que toutes les professions industrielles peuvent être réparties sous quatre types :

les professions utilisant à peu près également les membres supérieurs et les membres inférieurs (journaliers, etc...) ;

les professions utilisant surtout les membres inférieurs (charretiers, etc...) ;

les professions utilisant surtout les membres supérieurs (horlogers, mécaniciens, etc...);

les ouvriers d'art.

La perte d'un membre supérieur donnerait lieu à une grosse indemnité si l'accidenté exerçait une profession qui fait surtout appel aux membres supérieurs et l'indemnité ne varierait guère quelle que soit la profession de l'homme dans cette catégorie. Au contraire, l'indemnité serait relativement faible si l'accidenté exerçait une profession faisant surtout appel aux membres inférieurs. Or, cette conception, moins méticuleuse évidemment que celle du Dr Rémy mais beaucoup plus simple, apparut cependant irréalisable pour le motif que nombre de professions ne pouvaient être raisonnablement mises dans un groupe plutôt que dans un autre et parce qu'aussi le système Brouardel, pas plus d'ailleurs que le système Rémy, ne tenait compte d'un fait essentiel et fréquent, le changement de profession de l'accidenté.

La jurisprudence de la loi de 1898, malgré que cette loi fasse une obligation de n'attribuer d'indemnité que d'après la perte réelle de revenu, c'est-à-dire d'après le dénivellement de salaire provoqué par l'accident, en vint donc, d'une façon graduelle, à appliquer purement et simplement un système imaginé par M. Marestaing, simple au possible mais comportant une large part d'arbitraire : l'infirmité est estimée produire un tant pour cent d'incapacité de travail suivant sa nature et sa gravité ; l'application de ce pourcentage au salaire d'avant l'accident donne la perte de salaire.

Si donc sur le terrain industriel où le genre et le nombre des professions sont relativement limités, la détermination exacte de la diminution de revenu produite par chaque infirmité dans chaque profession a échoué, si a échoué également la détermination de cette diminution de revenu pour chaque infirmité par rapport à des professions types, il serait vain d'espérer établir la perte de revenu causée par toutes les infirmités dans toutes les professions possibles et imaginables, suivant le système Rémy, ou à assurer la répartition de toutes les professions en quelques catégories types, suivant le système Brouardel à nouveau préconisé par M. Rolland.

Force est donc, semble-t-il, d'en arriver à cette transaction, regrettable sans doute pour ce qu'elle comporte d'approximations, mais avantageuse pour sa simplicité, imaginée par M. Marestaing, suivie par la jurisprudence des accidents du travail et adoptée d'ailleurs par le guide barème des invalidités suivant lequel l'autorité militaire évalue les gratifications à attribuer aux infirmes.

Les infirmités seront, en conséquence, considérées, suivant leur nature et leur gravité, comme produisant certains pourcentages d'invalidité et l'application de ces pourcentages au revenu normal donnera la mesure du dommage à réparer.

2° Mais surgit une nouvelle difficulté : le dommage causé par l'infirmité devant être évalué par l'application d'un pourcentage d'invalidité au revenu professionnel d'avant l'infirmité, comment évaluer le dommage si l'intéressé n'avait pas de revenu professionnel ?

Deux cas sont possibles : l'infirme vivait de ses rentes, sans exercer aucune profession ; ou bien l'infirme n'avait pas encore de profession, ce qui est le cas pour la plupart des très jeunes gens atteints par la mobilisation.

Dans le premier cas, la Suisse est catégorique : l'infirmité n'ayant pas d'effet sur les rentes du sujet et n'amenant par conséquent aucune diminution de revenu, l'infirme ne peut prétendre à aucune indemnisation. Dans ce sens concluait également M. Mirman.

Une telle rigueur dont la logique est aussi implacable qu'impeccable heurte la sentimentalité française ; or, la sentimentalité n'est point une chose négligeable même en droit, car le droit n'est pas fait pour procurer à la raison pure de transcendentales satisfactions mais pour apporter aux peuples une saine justice en harmonie, non seulement avec les conditions matérielles, mais aussi avec les conditions morales de la vie sociale. Or l'esprit français n'admettrait sans doute pas qu'un militaire mutilé fût renvoyé dans ses foyers sans aucune indemnité, sous prétexte que ce militaire est un rentier.

Le système d'indemnisation basé sur la mutilation des revenus ne doit donc pas faire oublier la mutilation de l'homme ; c'est celle-ci, au fond, que nous entendons indemniser ; et si la diminution de revenu doit être la mesure fondamentale des réparations, il ne s'ensuit pas, si cette base vient à faire défaut, que nous ne devions rien payer.

Dans le deuxième cas, lorsqu'il n'y a pas encore de profession, M. Mirman propose de régler l'indemnité sur un salaire de base fictif variable suivant la profession à laquelle l'intéressé se destinait.

« Pour ceux, dit-il, qui n'ont pas terminé leur instruction professionnelle (apprentis, étudiants, élèves), le salaire s'entend du produit annuel que, dans la profession à laquelle ils se préparaient, ils auraient vraisemblablement retiré de leur travail à l'âge de trente ans. » M. Mirman s'est ainsi inspiré, non seulement du procédé adopté par la Suisse, mais aussi des dispositions de notre loi de 1898 ; suivant cette loi (art. 8), le salaire servant de base à la fixation de l'indemnité allouée à l'ouvrier âgé de moins de seize ans ou à l'apprenti victime d'un accident du travail ne doit pas être inférieur au salaire le plus bas des ouvriers valides de la même catégorie occupés dans l'entreprise.

Mais, si cette disposition concernant les apprentis se justifie par le fait que l'apprenti a réellement choisi sa voie et qu'il est, par conséquent, loisible de prévoir ce qu'il serait arrivé à normalement gagner, il est vraiment arbitraire, en dehors de ce cas spécial, de présumer la profession future d'un jeune homme de vingt ans ou de dix-huit ans et il est vraiment arbitraire aussi de présumer ce qu'il aurait gagné dans une profession qu'il n'aurait peut-être d'ailleurs nullement choisie.

Il nous paraît donc raisonnable d'entrer plus franchement dans la voie transactionnelle et de renoncer à appliquer le pourcentage d'invalidité au revenu d'avant l'infirmité. Dans tous les cas, par conséquent, qu'il y ait revenu ou qu'il n'y ait pas revenu, que le revenu soit effectivement diminué ou qu'il soit maintenu intact, nous envisageons d'appliquer le pourcentage d'invalidité à un revenu fixe et fictif de 2.400 francs. Si l'invalidité est de 100 0/0, de 50 0/0, de 10 0/0, la perte de revenu sera de 2.400 francs, de 1.200 francs, de 240 francs ; le revenu de 2.400 francs étant assez élevé pour que celui qui n'avait pas de profession reçoive néanmoins des indemnités assez consistantes, non seulement par rapport à l'heure présente, mais encore par rapport à l'avenir ; sans compter que des majorations pourraient toujours survenir pour charges de famille. Mais ces indemnités ainsi liquidées par l'application d'un pourcentage d'invalidité à un revenu fictif ne constitueraient en quelque sorte que des offres, analogues aux offres faites en matière d'expropriation ou de réquisition. Et si l'infirme apportait la preuve que la perte de revenu imputable à l'infirmité est supérieure à l'indemnité offerte, la liquidation serait rectifiée en prenant pour base la perte effective de revenu. Cette preuve pourrait être apportée devant les Commissions régionales prévues au projet de loi sur le contentieux des pensions, actuellement soumis à l'examen du Sénat (1).

3° Apparaît alors une troisième difficulté : dans quelle mesure faudra-t-il indemniser la perte de revenu ?

La réparation basée sur la perte de valeur économique

(1) Voir au *Journal officiel* le procès-verbal de la séance du Sénat du 27 juillet 1917. Ces commissions régionales siégeant aux chefs-lieux des Cours d'appel constitueraient une décentralisation du Conseil d'Etat ; elles jugeraient le contentieux des pensions sans appel, sauf recours au Conseil d'Etat en annulation pour violation de la loi. Elles seraient constituées par un président de Chambre à la Cour d'appel ; un conseiller à la cour d'appel ; un juge du tribunal ; le vice-président du Conseil de préfecture ; un fonctionnaire de l'intendance ; un fonctionnaire de l'administration des finances,

subie par la victime conduit évidemment à la réparation intégrale de cette perte.

Ainsi M. J. Barthelémy écrit (1) : « S'il y a une véritable créance des intéressés, la quotité en est fixée par le dommage lui-même. La réparation devra être intégrale ».

Réparation intégrale, voilà le principe.

Mais des tempéraments doivent être apportés eu égard aux possibilités financières de l'Etat. Thiers, le 28 juillet 1871, invoquait « les intérêts de l'Etat qui lui aussi a beaucoup souffert et mérite des ménagements » ; et, le 5 août 1871, insistait : « Il y a, de l'autre côté, l'intérêt le plus sacré, celui du Trésor et du crédit public ».

M. Bonnevay disait avec raison à la Chambre le 24 octobre 1916 (2) : « Prenez garde ; si vous obteniez de la Chambre plus que n'exige la stricte justice et plus que ne pourraient fournir les ressources de la France au lendemain de la guerre, c'est l'œuvre tout entière de la réparation des dommages de guerre que vous mettriez en péril ». Un gouvernement qui tient à son crédit ne doit pas s'engager au delà de ses ressources et il serait regrettable que l'Etat français fît aux blessés de trop larges promesses pour aboutir, comme au 9 vendémiaire an VI ou au 8 floréal an XI, à en renier une partie. Dans cet esprit et fort sagement, le projet de loi sur les pensions militaires (3) ne se propose de combler les lacunes de la législation actuelle que

(1) J. Barthelémy, *loc. cit.*, p. 31.
(2) *Journal officiel*, 25 octobre 1916, p. 3121, 3e colonne.
(3) P. 6.

« dans les limites où les finances publiques permettent la création de charges nouvelles ». D'autant que le sort des armes peut changer du tout au tout les possibilités financières de l'Etat. M. J. Barthélémy (1) fait remarquer qu'en 1871 « le rejet du principe du droit à la réparation intégrale s'explique peut-être surtout par ce fait que la France était vaincue et qu'elle devait payer à l'Allemagne une indemnité de guerre que l'on considérait comme écrasante. A toutes les charges de la patrie mutilée, ruinée, allait-on ajouter toutes les conséquences financières du droit à la réparation » ?

Mais, quelles que puissent être les restrictions rendues nécessaires par la pratique, l'Etat n'en a pas moins le devoir, le devoir d'honneur d'affirmer l'exacte étendue des réparations qui lui incombent, quitte à n'y faire face qu'au prorata de ses possibilités, suivant une sorte de concordat passé dans l'intérêt public avec les créanciers. Comme dit M. Rolland (2) : « L'Etat ne peut jamais être traité comme un débiteur ordinaire et doit toujours compter, pour s'acquitter, avec les possibilités financières. Mais ce qui importe c'est que le droit soit affirmé et organisé » ; et encore M. J. Barthélémy : « La difficulté que peut avoir un débiteur à s'acquitter est sans influence sur le principe même de la dette » (3) ; et encore M. Jacquelin (4) : « La prise en

(1) J. Barthélémy, *loc. cit.*, p. 55.
(2) Rolland, *loc. cit.*, p. 93.
(3) J. Barthélémy, *loc. cit.*, p. 70.
(4) Jacquelin, *loc. cit.*, p. 116.

considération de l'énormité des charges financières de l'Etat français au lendemain de la guerre n'est pas une raison suffisante pour le conduire à renier sa dette envers les victimes de l'invasion, mais c'en est une pour qu'il tienne la main à ce que cette dette soit calculée d'après une méthode qui ne dépasse pas ce que commande la justice ».

Il appartient donc au gouvernement qui sait les ressources exactes de l'Etat de fixer la proportion dans laquelle il pourra pratiquement indemniser les blessés; cette proportion étant comprise entre deux limites extrêmes, l'une maxima correspondant à la réparation intégrale des pertes subies, l'autre minima correspondant aux nécessités de la vie calculées suivant les lois modernes d'assistance, compte étant tenu des situations individuelles et des charges de famille.

La loi de 1898 sur les accidents du travail attribue :

En cas de mort : d'une part, au conjoint survivant une rente égale à 20 0/0 du salaire annuel de la victime ; d'autre part, aux enfants, suivant leur nombre et leur situation, des rentes pouvant aller jusqu'à 40 et même 60 0/0 du salaire annuel de la victime ;

En cas d'incapacité absolue, une rente égale aux deux tiers du salaire annuel ;

En cas d'incapacité partielle, une rente égale à la moitié de la réduction que l'accident aura fait subir au salaire.

C'est de telles dispositions que la législation militaire devrait s'inspirer, sauf en ce qui concerne la pension de veuve dont le taux est beaucoup trop faible. A cet égard, la législation industrielle et la législation militaire ont donné dans le même travers : alors que l'indemnité militaire d'invalidité absolue, pour le simple soldat, est de 975 francs(1) ou même de 1.200 francs en cas de cécité ou d'amputation de deux membres (2), la pension de veuve n'atteint que 563 francs au taux exceptionnel ou seulement 375 francs au taux ordinaire ; et tandis que l'indemnité industrielle d'incapacité absolue est des deux tiers du salaire, la pension de veuve n'atteint même pas le tiers de cette indemnité. La législation industrielle cependant tient compte du nombre d'enfants et, ainsi, elle va jusqu'à donner à l'ensemble des ayants droit, veuve et enfants, 60 et 80 0/0 du salaire, c'est-à-dire autant ou même plus qu'en cas d'invalidité absolue où l'indemnité n'est jamais que de 66,6 0/0. Mais la législation militaire ne s'occupe pas du nombre d'enfants. Il est vrai que le projet de la Commission de la Chambre institue des majorations pour enfants ; mais il garde à la pension de veuve, sauf infimes relèvements, des taux absolument insuffisants. Il semble pourtant que le taux d'indemnité en cas de mort pourrait être assimilé au taux d'indemnité en cas d'invalidité absolue étant donné qu'il n'y a vraiment pas grande différence, matériellement parlant, entre la situation d'une veuve et celle d'une femme à qui l'on rend son mari dans un état de totale incapacité de travail.

(1) Dispositions de la loi de 1831 appliquées aux taux de la loi du 9 avril 1914.

(2) Taux fixé par la loi du 13 juillet 1917.

Mais, en dehors des limitations qui devront, sans doute, s'appliquer dans une certaine mesure à toutes les réparations en raison du grand nombre de morts et d'infirmités, une limitation est évidemment nécessaire concernant ceux dont les gains d'avant le service étaient considérables. Faudra-t-il, dit M. Fuster, dédommager entièrement le ténor célèbre blessé à la gorge? Faudra-t-il dédommager intégralement le banquier, ou l'industriel, ou le commerçant, ou l'avocat, ou le médecin qui gagnaient 100.000 fr. par an et qui sont devenus incapables de reprendre leurs affaires?

Quel que soit le devoir de l'Etat, il y a dans ces cas une impossibilité financière absolue à réparer intégralement et l'Etat est obligé de ne pas dépasser une certaine limite. Il lui appartient, encore une fois, de fixer cette limite d'après les possibilités, mais il n'est pas interdit de rechercher quelle serait la limite désirable.

La Suisse indemnise les militaires d'après le gain mais ne prend pas en considération les gains supérieurs à 8 fr., ce qui, pour 300 jours ouvrables, fait 2.400 francs. Jusqu'à 2.400 francs elle répare les deux tiers du dommage; au delà de 2.400 francs elle n'indemnise pas du tout. Notre loi industrielle de 1898 n'accorde le plein des indemnités que pour les ouvriers ne gagnant pas plus de 2.400 francs, et encore ces indemnités ne représentent-elles jamais qu'une fraction de la perte de salaire ; à partir de 2.400 fr. les indemnités sont encore possibles quoique réduites des trois quarts.

Adoptant ce chiffre de 2.400 francs qui a retenu l'attention de la législation militaire suisse et de la législation industrielle française, nous avons proposé que notre législation militaire accepte de réparer tantôt les deux tiers, tantôt la moitié des pertes subies par un revenu fictif de 2.400 francs ; pour la réparation des pertes portant sur un revenu plus élevé, il semble qu'une limite pourrait être heureusement trouvée dans la loi d'impôt sur le revenu ; il y aurait ainsi une liaison intéressante et logique entre l'obligation fiscale de l'individu et l'obligation d'indemnisation de l'Etat.

Deux combinaisons sont possibles.

La loi d'impôt sur le revenu fixe à 3.000 francs (1) le maximum non imposable ; c'est donc que le législateur considère que 3.000 francs représentent le minimum nécessaire à une vie convenable, puisque l'individu jouissant de ce revenu net annuel est supposé ne pas pouvoir contribuer directement aux charges de l'Etat. On pourrait donc dire qu'en vue de la réparation par l'Etat des pertes de revenus, ceux-ci seront pris en considération jusqu'à 3.000 francs, s'il s'agit d'un célibataire, 5.000 francs s'il s'agit d'un homme marié ; avec prise en considération de 1.000 francs en sus par personne à la charge jusqu'à la cinquième et de 1.500 francs au delà de la cinquième.

Mais cette solution présenterait l'inconvénient de pratiquer à l'encontre des infirmes riches un nivellement arbi-

(1) Loi de finances, 30 décembre 1916.

traire que n'opère pas la loi d'impôt sur le revenu quant à la taxation des fortunes.

Mieux vaudrait donc, sans doute, compenser les pertes s'appliquant à des revenus supérieurs à 2.400 francs par des indemnités dégressives à mesure que le revenu augmente, suivant l'inverse du système établi en matière de taxation, où celle-ci subit une progression à mesure que le revenu s'élève. Ainsi, la perte s'appliquant à un revenu compris entre 2.400 francs et 8.000 francs donnerait lieu à compensation de 10 0/0 ; les pertes s'appliquant à des revenus compris entre 8.000 et 12.000 francs, 12.000 et 16.000 francs, 16.000 et 20.000 francs, 20.000 et 40.000 francs, 40.000 et 60.000 francs, 60.000 et 80.000 francs, 80.000 et 100.000 frs. 100.000 et 150.000 francs donneraient lieu à compensation de 9 0/0, 8 0/0, 7 0/0, 6 0/0, 5 0/0, 4 0/0, 3 0/0, 2 0/0 ; et les pertes s'appliquant à un revenu supérieur à 150.000 fr. donneraient lieu à compensation de 1 0/0.

*
* *

Pour conclure, faisant application des considérations exposées au cours des divers chapitres de cet ouvrage, nous pensons devoir fonder l'indemnisation des infirmités militaires sur les principes suivants :

1° Les infirmités contractées ou aggravées du fait ou à l'occasion du service donnent droit à indemnisation ;

2° Pour le militaire engagé, l'indemnisation est réglée

suivant les obligations souscrites par l'État au contrat d'engagement.

Mais pour les militaires de carrière, il est souhaitable que l'indemnité vienne en compensation de la perte de la pension d'ancienneté et soit liée par conséquent, non au degré d'infirmité, mais au grade et aux services.

3° Pour le militaire appelé l'indemnisation doit être la réparation intégrale de la perte de revenu civil imputable à l'infirmité ; le grade et les services ne devant jouer dans la fixation de l'indemnité qu'un rôle extrêmement effacé.

L'infirmité entièrement imputable au service donnerait lieu au plein de l'indemnité ; l'infirmité aggravée au service ne donnerait lieu à indemnité que dans la proportion de l'aggravation ; sauf au cas où l'aggravation aurait produit la mort ou une incapacité de travail absolue ou encore serait intervenue pour 50 0/0 ou davantage dans la production de l'infirmité ; auxquels cas l'aggravation donnerait lieu, comme l'origine directe, au plein de l'indemnité.

Mais, étant donné, d'une part, la difficulté pratique d'évaluer le revenu civil et d'apprécier la perte de revenu imputable à l'infirmité, étant donné, d'autre part, la limitation des possibilités financières de l'État : l'indemnité serait liquidée par application d'un pourcentage d'incapacité de travail à un revenu fixe présumé de 2.400 francs ; et l'indemnité serait de la moitié de la perte ainsi présumée pour les incapacités partielles et du tiers de la perte c'est-à-dire du tiers du revenu lui-même pour l'incapacité absolue et pour la mort.

En outre, seraient attribués certaines majorations par enfant mineur de seize ans légitime ou naturel reconnu ou par personne à la charge ; par année de service et de campagne ; par grade. Les majorations de grade étant très faibles, juste suffisantes pour maintenir sur le terrain pécuniaire le prestige de la hiérarchie militaire. L'indemnité étant ainsi liquidée, l'infirme ou ses ayants droit auraient la faculté de repousser l'offre et de réclamer une nouvelle liquidation au cas où l'indemnité serait inférieure aux deux tiers de la perte de revenu en cas de mort ou d'invalidité absolue, ou inférieure à la moitié de la perte de revenu en cas d'invalidité partielle. Il appartiendrait aux intéressés de prouver la réalité des pertes alléguées.

Au cas où seraient prouvées les allégations produites, les pertes non envisagées par la liquidation première donneraient lieu à indemnisation suivant des taux dégressifs.

*
* *

Il y a dans ces conclusions des points de vue que n'ont pas envisagés le projet du gouvernement ni la proposition de la Commission des pensions civiles et militaires de la Chambre, l'un et l'autre ayant fait trop bon marché des travaux parlementaires d'avant la guerre. La proposition de la Chambre constitue évidemment un progrès par rapport à la législation actuelle en ce qu'elle unifie les systèmes discordants des pensions et des gratifications ; en ce qu'elle institue certaines majorations et relève certains taux. Mais elle fait de la pension viagère une exception ; de la gratification révisable et suppressible une règle ; et si cette mesure est raisonnable elle prête cependant à la critique parce qu'elle rend le système d'indemnisation moins favorable par ce côté aux infirmes de guerre et cela sans compensation.

Or, la justice, pour être juste, doit s'exercer non seulement à l'encontre mais aussi au profit des justiciables ; et puisqu'on paraît disposé à sortir de l'arbitraire pour entrer dans la justice il faut aller jusqu'au bout de la justice : proclamer le droit personnel et intangible de l'infirme à une indemnisation intégrale des pertes subies pour la Patrie. Et, quoi qu'il en soit des difficultés d'application, toute loi qui n'évaluera pas la réparation d'après la perte de revenu imputable à l'infirmité, revenu militaire pour les militaires de carrière, revenu civil pour les militaires appelés sera une loi défectueuse établie sur des bases arbitraires.

Sans porter atteinte à ces directives fondamentales, l'État peut d'ailleurs introduire dans l'application soit les limitations que comportent les possibilités financières, soit les majorations rendues nécessaires par l'intérêt social.

Enfin, par l'échelonnement des dépenses ainsi créées sur les divers budgets au moyen d'emprunts à longue échéance, par exemple, devront être imputées aux générations futures les dettes que celles-ci auront contractées vis-à-vis de la génération actuelle, conservatrice à ses dépens de la chose nationale.

Il nous a paru que ces considérations méritaient d'être exposées avant que la question ne vînt en discussion devant le Parlement.

TABLE DES MATIÈRES

Imprimerie Bussière. — Saint-Amand (Cher).

www.ingramcontent.com/pod-product-compliance
Ingram Content Group UK Ltd.
Pitfield, Milton Keynes, MK11 3LW, UK
UKHW021058230726
13926UKWH00004B/1921